Eva Eich

Das NATURFORSCHER Buch TIERE

Für MiLa und Cosmo

arsEdition

Inhalt

Wiese

Stadt

Garten

Bach und Teich

Wald

Nacht

Mythos Regenwurm – was weißt du wirklich?

Brauchst du einen Gärtner, der deinen Boden umgräbt, die Beete düngt und die Erde auflockert? Der beste Mann – Entschuldigung – Wurm für den Job: der Regenwurm! Er kann das 50-Fache seines Körpergewichts stemmen. Seine Gänge belüften und bewässern den Boden und sein Kot ist nichts anderes als unglaublich nährstoffreiche Erde.

!! Probier´s aus!

Regenwürmer haben keine Augen, aber wie können sie sich trotzdem zurechtfinden? Können sie hell und dunkel unterscheiden? Probier's aus!

Du brauchst:

- feuchtes Tuch
- längs halbierte Papprolle von Küchenpapier o. A. als Tunnel
- Taschenlampe

Lege den Regenwurm auf das feuchte Tuch, damit er nicht austrocknet. Dann bedeckst du die hintere Hälfte des Wurms (die mit dem abgerundeten Ende) mit der Papprolle. Leuchte mit der Taschenlampe auf den vorderen Teil des Regenwurms. Wie reagiert der Wurm? Vermutlich wird er sich in die dunkle Röhre zurückziehen. Er kann das Licht nämlich mithilfe vieler kleiner Sinneszellen in der Haut wahrnehmen.

Wahr oder falsch?

Wenn man einen Regenwurm in der Mitte zerteilt, lebt er trotzdem weiter, und zwar beide Hälften!

Das ist leider ein Mythos. Im besten Fall überlebt der vordere Teil, denn nur der hat einen Mund zum Fressen. Auch das klappt aber nur, wenn keine wichtigen Organe verletzt wurden.

Ein Regenwurm hat fünf Herzen.

Das stimmt! Der Regenwurm hat tatsächlich 5 Paar »Herzen«, die das Blut durch den Körper pumpen, dafür aber keine Lunge oder Kiemen. Er atmet durch die Haut.

Der Regenwurm hat seinen Namen, weil er bei Regen an die Erdoberfläche kommt.

Falsch! Früher nannte man ihn »reger Wurm«, weil er so fleißig den Boden umgräbt und dabei mehrere Meter in die Tiefe bohrt. Daraus entstand der Begriff »Regenwurm«. Die Tiere kommen allerdings tatsächlich bei Regen an die Oberfläche. Forscher vermuten, dass sich die Regentropfen wie Trappelgeräusche eines Maulwurfs anhören, deshalb machen sich die Würmer schnell aus dem Staub.

Rabe –
der gefiederte Einstein

Wie sieht ein Rabe aus? Die meisten sagen wahrscheinlich schwarze Federn, schwarzer Schnabel. Nicht schlecht, aber in Wahrheit gibt es viele verschiedene Rabenvögel. Und was kaum einer weiß: Die schwarzen Vögel sind echte Genies!

Unheimlich clever

Rabenvögel benutzen nicht nur Werkzeuge, sie bauen sie sich sogar selbst! Aus einem Draht können sie sich z.B. einen Haken biegen, um an Futter zu kommen.

Sprachgenies

Auch wenn Raben eher krächzen: Kolkraben können sogar ganze Sätze lernen! Außrdem können die Vögel richtig miteinander reden. So verraten sie anderen, wenn es gutes Futter gibt oder ob sie Hilfe brauchen.

Übernatürliche Fähigkeiten

Machmal halten sich Raben auffällig oft bei einer Kuh oder einem Schaf auf, bei dem erst Tage später eine Krankheit festgestellt wird. Sie scheinen einen sechsten Sinn für kranke Tiere zu haben.

!!

Probier´s aus!

Kannst du den nächsten Raben genau beobachten und der richtigen Art zuordnen?

Nebelkrähe

- hellgraues Gefieder mit schwarzem Kopf und Flügeln
- ca. 50 000 Brutpaare

Rabenkrähe

- schwarzes Gefieder mit nur schwachem bläulichem Glanz
- dicker gebogener Schnabel
- sehr häufig: 750 000 Brutpaare

Saatkrähe

- langer, nackter und heller Schnabel
- ca. 80 000 Brutpaare

Kolkrabe

- größter Singvogel Deutschlands
- schwarzes Gefieder mit grünblauem metallischem Glanz, kräftiger Schnabel
- selten: ca. 20 000 Brutpaare

Auch die Elster oder der Eichelhäher gehören zu den Rabenvögeln.

Blindschleiche –

die geheimnisvolle Schein-Schlange

Sie ist lang, glatt, schuppig und schlängelt sich ohne Beine durchs Gras. Trotzdem ist die Blindschleiche keine Schlange, sondern eine Echse – und blind ist sie erst recht nicht! Und das sind nicht die einzigen Überraschungen, die das Reptil zu bieten hat.

Die Blindschleiche hat Augen und kann mit ihnen auch sehr gut sehen. »Blind« kommt von »blendend« oder »blinkend« und bezieht sich auf die bronzefarben glänzenden Schuppen des Tieres.

Anders als die Schlange:

- Verschließbare Augenlider
- Züngelt mit offenem Maul und nicht durch eine Lücke in der Oberlippe
- Bewegt sich langsamer

Vorsicht – zerbrechlich!

Wenn sich die Blindschleiche bedroht fühlt, kann sie – wie einige andere Echsenarten – ihren Schwanz abwerfen. Der Fressfeind stürzt sich dann auf das zappelnde Ende, während sie das Weite sucht.

Quizfrage

Die Blindschleiche steht unter Naturschutz, sie selbst …

- ☐ … ist völlig harmlos.
- ☐ … kann zubeißen.
- ☐ … ist giftig.

Antwort: a) Die Blindschleiche ist völlig harmlos.

Schlangen – sehr giftig und sehr selten

Schlangen gibt es nicht nur im Dschungel oder in der Wüste. Auch bei uns in Deutschland leben tatsächlich einige Tiere. Allerdings sind sie sehr selten geworden, insgesamt gibt es nur sieben verschiedenen Arten.

Ringelnatter

Merkmal/Besonderheit:
Ring aus hell gefärbten Nackenflecken am Hinterkopf

Gefahr-Faktor:
ungefährlich, jagt Amphibien

Kreuzotter

Merkmal/Besonderheit:
Zickzack-Muster auf dem Rücken (auch komplett schwarz möglich)

Gefahr-Faktor:
schmerzhaft, aber selten tödlich für Menschen

Die Neue

Die Barren-Ringelnatter zählt seit 2017 als eigene Art. Wie die Ringelnatter ist sie ungiftig, trägt aber anders als ihre Verwandte barrenförmige,schwarze Streifen.

Würfelnatter

Merkmal/Besonderheit:
dunkles Würfelmuster

Gefahr-Faktor:
ungefährlich

Schlingnatter

Merkmal/Besonderheit:
dunkler Streifen von Nase über Auge zum Mund

Gefahr-Faktor:
ungefährlich, würgt die Beute

Äskulapnatter

Merkmal/Besonderheit:
Kann bis zu 2 m lang werden!

Gefahr-Faktor:
ungiftig, würgt ihre Beute

Aspisviper

Merkmal/Besonderheit:
dreieckiger Kopf, schlitzförmige Pupillen

Gefahr-Faktor:
giftigste deutsche Schlange, nur selten tödlich

Schon gewusst?

Schlangen haben keine Ohren, trotzdem können sie Beutetiere über mehrere Kilometer weit hören. Dazu legen sie ihren Kopf auf den Boden und erspüren mit ihrem Unterkiefer die Schallwellen, die die Bewegung der Tiere verursacht.

Hummeln – die Super-Bestäuber

Jeder weiß, dass Bienen wahre Weltmeister sind, wenn es ums Blütenbestäuben geht. Tatsächlich sind die Hummeln aber noch wesentlich besser! Denn sie schaffen es, Pflanzen zu bestäuben, bei denen Bienen versagen.

Die Sammler

Nur Hummeln schaffen es, Tomaten zu bestäuben. Denn die Staubbeutel der gelben Blüten sind sehr eng verschlossen. Doch die Hummel hat einen Trick: Sie schüttelt den Pollen einfach heraus! Dazu setzt sie sich auf die Staubbeutel und lässt ihre Flugmuskeln in einem ganz bestimmten Rhythmus zittern, so purzelt der Tomaten-Pollen heraus.

Quizfrage

Hummeln sind sehr friedliche Tiere, trotzdem können zumindest die weiblichen Tiere im Notfall …

- ☐ … übel riechendes Sekret ausstoßen.
- ☐ … stechen.
- ☐ … beißen.

Antwort: Hummeln können stechen. Bevor sie das tun, warnen sie ihre Gegner aber, indem sie sich auf den Rücken legen und unter lautem Brummen drohend ihren Stachel zeigen.

Hummeln sind auch viel früher im Jahr unterwegs als Bienen. Die Königin startet bereits bei 2 °C, Arbeiterinnen können ab 6 °C losdüsen.

Probier´s aus!

Samenbomben

Willst du den Hummeln etwas Leckeres zu essen anbieten? Dann bastle doch ein paar bunte Samenbomben!

Du brauchst:

- 100 g Tonerde oder Gips
- 100 g Erde
- 2 Päckchen Samen von »Hummel-Pflanzen«
  (kannst du entweder selbst mischen (z. B. mit Rotklee, Lavendel, Kornblume oder Klatschmohn) oder als fertigen Mix im Gartenhandel kaufen)
- zum Verzieren Paprikapulver, Lavendelblüten etc. …

Gips/Tonerde, Erde und Samen mischen, dann vorsichtig gerade so viel Wasser dazugeben, dass du alles gut verkneten kannst. Forme aus dieser Masse walnussgroße Kugeln und verziere sie. Dann nur noch an einem warmen Ort trocknen lassen, und schon sind die Samenbomben fertig zum Abwurf!

PS: Du solltest die Bomben natürlich nicht gerade zum Nachbarn oder auf andere Privatgrundstücke werfen …

Der Hochstapler:
Von wegen tausend Füße!

Seit 400 Millionen Jahren krabbelt er schon auf unserer Erde herum, der Tausendfüßer. Dabei hat das lange Insekt seinen faszinierenden Namen ganz zu Unrecht. Je nach Art haben die Tiere zwischen acht und 340 Beinpaare.

Tausendfüßer sind lichtscheu und mögen es feucht, am ehesten findest du sie also unter Steinen, in der Erde oder unter morschem Waldholz.

Der größte Tausendfüßer, den es je gab, wurde bis zu 2 m lang! Er machte sogar Jagd auf Rehe und ähnlich große Tiere. Zum Glück ist das allerdings schon über 300 Millionen Jahre her. Heute erreicht die größte Art bis zu 30 cm.

Quizfrage

Wie viel Füße hat man bei einem Tausendfüßer schon gefunden?

- ☐ 850
- ☐ 750
- ☐ 1100

Insgesamt gibt es etwa 10000 verschiedene Arten. Keine davon hat tatsächlich 1000 Füße, der Rekordhalter immerhin bis zu 750. Es ist eine extrem seltene Unterart, die in Kalifornien entdeckt wurde. Sie ist dabei gerade mal 3,5 cm lang!

Achtung Verwechslungs-gefahr!

Der Hundertfüßer hat nicht nur weniger Beine, er hat auch keinen runden, sondern einen abgeflachten Körper. Diese Krabbler sollte man besser in Ruhe lassen, denn sie können mit ihren Gift-klauen ordentlich zubeißen!

Staun-Fact:

Wenn sich zwei Tausendfüßer paaren, umschlingen sie sich oft stundenlang!

Naturforscher-Beobachtungs-Logbuch

Wo beobachtet? ....

Wie groß? ....

Wie viel Beinpaare? ....

Wo beobachtet? ....

Wie groß? ....

Wie viel Beinpaare? ....

Wo beobachtet? ....

Wie groß? ....

Wie viel Beinpaare? ....

Feldhase –
wer hoppelt denn da?

Wenn du als Naturforscher unterwegs bist und einen Hasen entdeckst, stehen die Chancen nicht schlecht, dass es sich in Wahrheit um ein Kaninchen handelt, denn Hasen sind sehr scheu. Mit unserer Checkliste ist es aber ganz einfach, die beiden Hoppler voneinander zu unterscheiden.

Schau genau hin! Was beobachtest du?

Feldhase

- ☐ lange Ohren und Beine
- ☐ groß (50 – 60 cm)
- ☐ Gewicht: 4 – 5 kg
- ☐ Einzelgänger
- ☐ sehr scheu, auf freiem Feld zu beobachten
- ☐ leben über der Erde und ducken sich bei Gefahr in eine Mulde

Kaninchen

- ☐ kürzere Ohren und Beine
- ☐ kleiner (20 – 45 cm)
- ☐ Gewicht: 1 – 3 kg
- ☐ Gruppentier
- ☐ weniger scheu, leben auch in der Stadt
- ☐ wohnen in einem unterirdischen Bau, in den sie sich auch bei Gefahr flüchten

Stimmt's? Feldhasen können von zwei verschiedenen Männchen gleichzeitig schwanger sein.

Antwort: Stimmt! Tatsächlich haben die Weibchen nicht nur eine Gebärmutter, sondern zwei, in denen kleine Hasenbabys heranwachsen können. So kann auch eine schwangere Häsin noch mal von einem Rammler befruchtet werden und die kleinen Hoppler zeitversetzt austragen.

Hiebe für die Liebe

Bevor ein Feldhase sich mit einem Weibchen paaren darf, muss er sich mit den anderen Männchen, den Rammlern, im Wettrennen und Boxen mit den Vorderpfoten messen. Aber selbst wenn er gewinnt, wird er von seiner Angebeteten noch mal mit den Pfoten vermöbelt, bevor er Papa werden darf.

Bienen – alles für den Staat

Wenn über 40 000 Tiere zusammenleben, funktioniert das nur, wenn jeder genau weiß, was er zu tun hat. So hat jedes Tier im Bienenstock eine ganz bestimmte Aufgabe. Dabei ist der scheinbar beste Job aber in Wahrheit der härteste ...

1 Königin!

Mission: Eier legen – bis zu 2000 Stück am Tag!
Zusätzlich steuert sie mit speziellen Duftstoffen die anderen Bienen und hält so den Schwarm zusammen oder unterdrückt die Aufzucht neuer Königinnen.

40.000 Arbeiterinnen

Mission: Arbeiten – je nach Alter mit unterschiedlichem Schwerpunkt

Tag 0–11:	Waben putzen, Larven füttern
Tag 12–20:	Nektar und Pollen verarbeiten, Wache halten
Tag 21–Lebensende:	Nektar und Pollen sammeln

225 Drohnen

kein Stachel, männliche Bienen
Mission: Fortpflanzung – sie sollen sich mit Königinnen anderer Bienenstöcke paaren
Sie können vorher zwar faulenzen, dafür sterben sie aber direkt nach der Paarung oder werden im Herbst von den Arbeiterinnen aus dem Stock vertrieben.

Wer wird was?

Ei

→ unbefruchtet → **Drohne**

→ **befruchtetes Ei**

Larve normal gefüttert → **Arbeiterin**

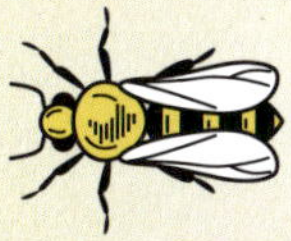

Larve mit Gelée Royale gefüttert → **Königin**

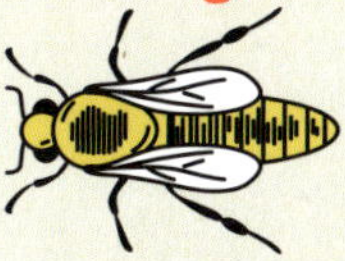

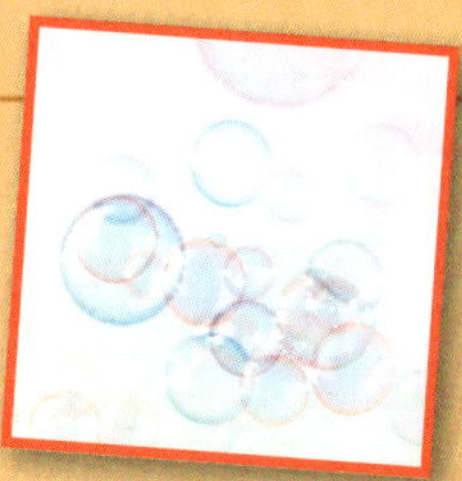

!! Probier´s aus!

Warum sind Bienenwaben sechseckig?

Du brauchst:
- große, flache Schale
- Strohhalm
- Seifenblasenflüssigkeit

Fülle die Seifenblasenflüssigkeit in die Schale und blase dann mit dem Strohhalm eine Blase in die Mitte. Dann bläst du weitere, gleich große Blasen um diese erste herum. Welche Form nimmt die innere Blase an?

Die Blase wird sechseckig, denn das ist die Form, bei der der Raum am besten genutzt wird. Das Gleiche passiert bei den Bienenwaben. Die sind am Anfang noch rund, werden aber beim Abkühlen des Wachses von alleine sechseckig.

Vogelrekorde – höher, schneller, weiter!

Vögel können nicht nur schön singen, sie leisten auch ganz Erstaunliches! Naturforscher aufgepasst, hier kommen: Das schnellste Tier der Welt, ein echter Meilensammler und ein Vertreter, der sogar im Schlaf fliegen kann!

Der Schnellste

Der Wanderfalke ist das schnellste Tier der Erde, er erreicht im Sturzflug bis zu 340 km/h, das ist so schnell wie ein ICE!

Der Schwerste

Der Höckerschwan bringt ganze 13 Kilo auf die Waage und ist damit einer der schwersten flugfähigen Vögel. Noch schwerer, aber viel seltener ist die Großtrappe, die bis zu 16 Kilo schwer werden kann.

Am weitesten

Die Küstenseeschwalbe schafft bei ihrer Reise vom Nordpol zum Südpol und zurück 35 000 km, so viel wie wenn sie einmal um die ganze Erde fliegen würde.

Der Dauerflieger

Mauersegler fliegen monatelang, ohne den Boden zu berühren. Unglaublich, aber wahr: Sie können sogar im Fliegen schlafen!

Der Sprinter

Das Rothuhn kann bis zu 15 km/h schnell laufen.

Am höchsten

Gänse fliegen hoch hinaus: bis zu 9000 m, fast so hoch wie ein Passagierflugzeug! (Noch höher kommt mit 11 300 m der Sperbergeier, der in Afrika zu Hause ist.)

Raupenquiz – die magische Verwandlung

Schmetterlinge sehen einfach toll aus mit ihren bunt gemusterten Flügeln. Rund eine Million winziger Schuppen sorgen für das schöne Farbenspiel. Dass aus einer Raupe ein Schmetterling wird, weiß jedes Kind. Aber welche Raupe wird zu welchem Schmetterling?

KLEINER FUCHS:

Er überwintert gerne auf Dachböden, sein Erkennungsmerkmal: die blaue Perlenkette an den Flügelenden.

SCHWALBENSCHWANZ:

Er mag am liebsten den Nektar von violetten Blumen wie Rotklee oder Sommerflieder.

TAGPFAUENAUGE:

Bei Gefahr klappt der Schmetterling ruckartig seine Flügel auf. Das Augenmuster erschreckt Fressfeinde und schlägt sie in die Flucht.

ZITRONENFALTER:

Nur die Männchen sind zitronengelb. Er überlebt den Winter im Freien durch eine Art Frostschutzmittel im Körper.

KAISERMANTEL:

Diesem Schmetterling schmeckt am besten der Nektar von Disteln, Brombeeren und Sommerflieder.

Antwort: 1 Tagpfauenauge; 2 Schwalbenschwanz; 3 Kleiner Fuchs; 4 Kaisermantel; 5 Zitronenfalter

Schmetterlingskindergarten

Extraprojekt

Du kannst ganz nah dran sein bei einer magischen Verwandlung: Gründe deinen eigenen kleinen Schmetterlingskindergarten! Suche dir ein paar Raupen, die auf einer Brennnesselpflanze sitzen, denn diese Arten sind am einfachsten aufzuziehen. Und schon kann es losgehen!

Du brauchst:

- Plastikterrarium aus dem Zoogeschäft (20 x 30 cm)
- Stück Mückennetz
- 2 kleine Einmachgläser
- 3–4 Schmetterlingsraupen von Brennnesselpflanzen (diese Schmetterlingsarten sind am einfachsten aufzuziehen)

Stelle das Terrarium mit dem Deckel zur Seite auf, da sich die Raupen oft an der Decke verpuppen, und lege den Boden mit Küchenrolle aus. Die kannst du jeden Tag einfach austauschen.

Am besten suchst du dir für das Terrarium einen schattigen Ort und verschließt größere Öffnungen mit dem Mückennetz, damit die kleinen Raupen nicht wegkrabbeln.

Dann heißt es: raus! Suche Brennnesselzweige mit 3–4 Raupen und stelle sie in eines der Einmachgläser. Wichtig ist, dass die Raupen nicht ins Wasser fallen können, da sie dort ertrinken würden. Du kannst also z. B. Alufolie über das Glas spannen und nur ein Loch für die Stängel machen oder den Rand mit Watte auffüllen.

Jetzt musst du ca. alle 2–3 Tage frisches Brennnessel-Futter für deine Schützlinge sammeln und es in dem anderen Glasgefäß direkt neben das mit dem alten Futter stellen, dann können die Raupen rüberkrabbeln.

Nach 3–4 Wochen werden die Raupen sich verpuppen und nach weiteren 2 Wochen kannst du mit etwas Glück einen frisch geschlüpften Schmetterling entdecken und in die Freiheit entlassen.

Wilde Liebe –

die schönsten Liebesgeschichten

In der Liebe ist alles erlaubt! Das nehmen sich auch unsere tierischen Schwerenöter zu Herzen. Mauersegler können zum Beispiel nicht nur im Flug schlafen, sondern sich auch in der Luft paaren. Aber es gibt noch jede Menge andere tierische Liebesgeschichten ...

Liebespfeil:

Weinbergschnecken sind Zwitter, produzieren also Eier und Samen. Treffen sich zwei Tiere, legen sie ihre Körper mit den Fußsohlen aneinander und warten erst mal ab – bis zu 20 Stunden! Doch dann sticht eine der Schnecken mit dem sogenannten Liebespfeil in den Fuß der anderen. Mit diesem kleinen Dolch aus Kalk kommen die Samenzellen in den anderen Schneckenkörper, wo sie die Eizellen befruchten können.

Eifersüchtiger Stinker:

Der Kohlweißling ist ein besonders eifersüchtiger Liebhaber. Deshalb besprüht er während der Paarung das Weibchen mit einer stinkenden Flüssigkeit. So stellt er sicher, dass er seine Schmetterlingsfrau ganz für sich alleine hat und die anderen Rivalen verduften.

Rumhängen:

Das Fledermaus-Weibchen hängt schlafend und kopfüber an der Höhlendecke, wenn es von einem Männchen besucht wird. Das weckt die Auserwählte mit einem zarten Biss in den Nacken kurz auf, befruchtet sie und lässt sie dann wieder gemütlich weiterschlafen.

Ausdauernd:

Marienkäfer sind wahre Paarungsmeister. Bis zu 18 Stunden lang sitzen die Käfer aufeinander, um die Eier im Bauch des Weibchens zu befruchten. Nach zwei Tagen darf dann auch schon der nächste ran und dann wieder der nächste und so weiter und so weiter …

Tragisch:

Männliche Bienen dürfen sich nur ein einziges Mal in ihrem Leben paaren, und das auch noch mit tödlichem Ende. Beim Hochzeitsflug treffen sie auf eine Bienenkönigin und übergeben ihr Samenpaket. Dabei wird allerdings der Penis der Drohne mitsamt den Organen und der Körperflüssigkeit herausgerissen. Während sie davonfliegt, um ein neues Volk zu gründen, fällt das Männchen sterbend zu Boden.

Die Stechmücke – das gefährlichste Tier der Welt

Sie ist nicht mal einen Zentimeter groß, hat keine scharfen Zähne oder Klauen und doch ist sie das gefährlichste Tier der Welt: In einem Jahr sterben ca. 700 000 Menschen auf der ganzen Welt an einem Mückenstich. Aber keine Angst, dabei geht es vor allem um Krankheiten wie Malaria, Dengue- oder Gelbfieber, die durch die Mücken übertragen werden. Wir in Deutschland haben meist nichts zu befürchten – außer einem fiesen Jucken.

Eigentlich Vegetarier

Tatsächlich sind Stechmücken gar nicht so gierige Blutsauger. Alle Männchen sind von Natur aus Vegetarier und saugen Pflanzensaft und Nektar. Auch die Weibchen lassen uns eigentlich in Frieden, nur nach der Paarung bekommen sie einen gewaltigen Appetit auf Blut. Denn das Eisen und die Proteine darin brauchen sie zur Entwicklung ihrer Eier.

Stimmt's? Einige Menschen haben süßeres Blut als andere und werden deswegen häufiger gestochen.

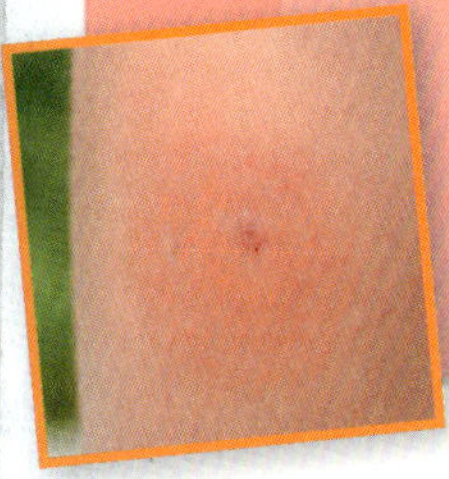

Stimmt nicht. Tatsächlich werden manche Menschen häufiger gestochen als andere, doch das liegt an ihrem Körpergeruch. Der kann je nach Genen, Nahrung oder Schweiß mal mehr oder weniger verlockend sein für die kleinen Blutsauger.

Supernasen

Stechmücken finden ihre Beute auch auf lange Strecke: Sie riechen das von uns ausgeatmete Kohlendioxid sogar in 50 m Entfernung.

Schon gewusst?

Stechmücken gab es sogar schon zu Zeiten der Dinosaurier! Da sie wesentlich anpassungsfähiger sind als die Riesenechsen, haben sie allerdings bis heute überlebt.

Taube –
der Vorurteils-Check

Kaum ein Tier lässt sich so gut füttern wie die Stadttaube. Deswegen ist sie bei Kindern sehr beliebt. Viele Erwachsene sind allerdings weniger begeistert von den grauen Vögeln. Aber was ist wirklich dran an den Vorurteilen?

Vorurteil 1: Tauben übertragen Krankheiten

Tauben können Krankheiten übertragen, allerdings auch nicht eher als jeder andere Vogel. Bisher wurden weltweit nur 230 Fälle nachgewiesen. Die Gefahr ist bei Hunden, Katzen oder Hausvögeln höher.

Vorurteil 2: Taubendreck macht Gebäude kaputt

Die TU Darmstadt hat die Wirkung von Taubenkot untersucht und festgestellt, dass kein Schaden an Buntsandstein, Zement oder Granit entsteht. Aber zugegeben: Eine einzige Taube bekleckert Bauwerke mit 12 kg Kot pro Jahr, und das ist nicht besonders schön …

DIE HÄUFIGSTE: RINGELTAUBE

- Die Ringeltaube erkennt man gut am weißen Fleck auf der Seite des Halses.
- Ca. 600 Millionen Tiere in Deutschland

DIE BEKANNTESTE: STADTTAUBE

- Die Stadttaube stammt von der Felstaube ab, die am Mittelmeer lebt.
- Ca. 500 Millionen leben in deutschen Städten.

DIE KLEINSTE: TURTELTAUBE

- Sehr selten und daher nur schwer zu erspähen ist die Turteltaube.
- Ca. 60 000 Tiere in Deutschland

Quizfrage

Wie oft kann eine Stadttaube im Jahr Nachwuchs bekommen?

a) einmal
b) zweimal
c) siebenmal

Antwort b): Die Stadttaube wurde vom Menschen extra so gezüchtet, dass sie siebenmal im Jahr Nachwuchs bekommen kann, da sie damals als Schlacht- und Nutztier gehalten wurde.

Hausmaus – heimliche Untermieter mit Geheimsprache

Einige finden sie süß, andere springen bei ihrem Anblick erschrocken auf den nächsten Stuhl: Die Hausmaus sucht die Nähe des Menschen, schließlich bietet er ihr eine prall gefüllte Vorratskammer an. Bereits seit mehreren Tausend Jahren leben überall auf der Welt Mäuse als heimliche Untermieter in unseren Behausungen. Und ganz ohne dass wir es merken, kommunizieren sie dabei in einer stillen Geheimsprache.

Die Hausmaus gehört zu den sogenannten Echten Mäusen. Die erkennst du gut an ihrem Schwanz, der noch mal genauso lang wie der restliche Mäusekörper ist.

Kurze Schwänze findest du bei den Wühlmäusen, die sich lieber im Garten als auf dem Dachboden herumtreiben.

Mit Speck fängt man Mäuse

Hausmäuse knabbern tatsächlich an Speck und Käse, denn sie sind echte Allesfresser und probieren gerne alles, was sie entdecken. Normalerweise fressen sie aber Getreide, Nüsse, Samen und auch kleine Insekten. Wobei jede Maus andere Vorlieben hat – wie bei uns Menschen.

Winzlinge

Wenn die Mäusebabys zur Welt kommen, wiegen sie weniger als ein Gramm, gerade mal so viel wie ein halbes Gummibärchen! Erst nach 15 Tagen öffnen sie das erste Mal ihre Augen, und nach 6 Wochen verlassen sie das Nest, um die Welt zu erkunden und selbst Mäuseeltern zu werden.

Geheimsprache

Mäuse kommunizieren so, dass wir Menschen nichts davon mitbekommen. Dazu nutzen sie nicht nur Gerüche, sondern auch Töne im Ultraschallbereich, die das menschliche Ohr nicht hören kann.

Stubenfliege –
die Zunge an den Füßen

Die Stubenfliege ist ein wahres Wundertier: Sie kann mit den Füßen schmecken, fast 100-mal schneller schauen als wir Menschen und schlägt bis zu 200-mal in der Sekunde mit den Flügeln.

Schau genau!

Beobachte eine Fliege beim Fressen. Du kannst erkennen, dass die Insekten keine Scheren oder Zähne haben. Sie schlürfen die Nahrung mit ihrem Rüssel auf. Ist die ausgesuchte Leckerei zu fest, helfen sie einfach mit ein bisschen Speichel nach.

Quizfrage

Warum können Fliegen an der Decke krabbeln?

a) mithilfe einer klebrigen Flüssigkeit
b) weil ihre Füße wie Saugnäpfe geformt sind
c) weil sie an den Füßen viele kleine Härchen haben

Antwort: a) und c) An jedem Fliegenfuß sitzen zwei Haftballen, diese sind mit unzähligen kleinen Haftharen besetzt. Zusätzlich erzeugen die Brummer einen Flüssigkeitsfilm, der die Haftung zwischen Härchen und Oberfläche noch mal verstärkt.

Probier´s aus!

Lieber süß oder salzig?

Stelle in einen Raum, in dem die Fliegen herumschwirren, zwei Teller auf. Einen mit Senf, einen mit Marmelade. Welcher Teller wird häufiger angeflogen?

Kurzes Vergnügen:

Stubenfliegen werden zwischen zwei und vier Wochen alt, je nachdem wie viel Nahrung sie finden. Sie müssen sich also auch bei der Fortpflanzung beeilen. Bereits nach drei Tagen können sie sich paaren und Eier legen.

Warum landet die Fliege so gerne auf unserer Haut?

Fliegen haben einen sehr guten Geruchssinn. Bei uns Menschen nehmen sie jeden kleinen Duftrest auf der Haut wahr: Spritzer von Limo, kleinste Kekskrümelchen oder Schweiß. Diese Gerüche möchte die Fliege gern erkunden, und da sie mit den Füßen schmeckt, krabbelt sie auf uns herum.

Wer wohnt denn hier?

Wir Menschen wohnen meistens in einem Haus oder einer Wohnung, aber auch die Tiere suchen sich für ihre Nachtruhe einen gemütlichen und vor allem geschützten Rückzugsort.

Kannst du als echter Naturforscher erraten, wessen Wohnungen wir beschreiben?

- Eine Behausung aus Papier, dazu beißen die Tiere kleine Holzstücke ab und machen daraus mit ihrem Speichel einen Brei, mit dem sie dann unter der Erde oder in Häusern ihr Nest bauen.
- 400–5000 Tiere leben hier in einem Staat zusammen.

Dieses Nest wird Kobel genannt. Es wird aus Zweigen und Nadeln gebaut, mit Moos und Blättern ausgepolstert und hat meistens mehr als einen Eingang, um bei Gefahr schnell verschwinden zu können.

Diese Wohnung ist eine Burg. Dazu werden bis zu 1 m dicke Baumstämme gefällt. Bis zu 1,50 m hoch und 100 m lang können diese Kunstwerke werden. Sie dienen als Wohnzimmer, Kühlschrank und Schlafplatz. Der Eingang liegt unter Wasser.

Bis zu 2000 kleine Kügelchen müssen für dieses Zuhause aneinandergesetzt werden. Gut, dass Lehm so klebrig ist!

Antwort: a) Wespen, b) Eichhörnchen, c) Biber, d) Mehlschwalbe

Steinmarder –
der Feind der Autos

Der Steinmarder ist ein echter Einzelgänger. In seinem Revier duldet er keine weiteren Geschlechtsgenossen, was einen Vor- und einen Nachteil für uns hat: Der Vorteil ist, dass man meist nur ein einziges Tier als Untermieter auf dem Dachboden oder in der Scheune findet.

?

Stimmt's? Marder nagen Kabel und Schläuche am Auto an, weil sie lecker riechen.

Stimmt nicht. Der Motorraum ist für den Marder nichts anderes als eine trockene, warme Höhle, in der er sich verstecken kann oder Vorräte lagert. Meistens passiert den Kabeln dabei aber nicht viel. Problematisch wird es erst, wenn das Auto im Revier eines fremden Marders geparkt wird. Der fremde Marder riecht dann die Duftmarkierungen seines Rivalen und zerstört dessen vermeintliches Nest, um ihn zu vertreiben.

Stein oder Baum?

Ein naher Verwandter des Steinmarders ist der seltene Baummarder. Er ist scheuer und lebt deshalb nur in größeren Waldgebieten. Um die beiden auseinanderzuhalten, gibt es ein einfaches Unterscheidungsmerkmal: den Fleck am Kehlkopf. Beim Steinmarder ist er weiß und gegabelt, beim Baummarder gelblich und nicht gegabelt.

Eier auf Eis

Die Paarung findet bei den Steinmardern zwar im Sommer statt, die Jungen kommen aber erst im März oder April des nächsten Jahres zur Welt. Damit die Marderbabys nicht mitten im Winter geboren werden, legen die befruchteten Eizellen bei der Entwicklung eine Pause ein, die sogenannte Keimruhe.

!!

Probier´s aus!

Wenn es bei euch auf dem Dachboden rumpelt und du einen Marder vermutest, brauchst du nur etwas Mehl und ein hart gekochtes Ei, um dem Tier auf die Spur zu kommen! Lege das Ei als Köder auf den Boden und streue rundherum dünn Mehl aus. Schau am nächsten Tag nach! Kannst du Spuren erkennen?

Marderspuren sind Katzenspuren sehr ähnlich, sie zeigen zusätzlich aber noch die Abdrücke der Krallen.

Kaninchen – Trommel statt Sirene

Ein häufiger Gast in der Stadt ist das Kaninchen. Die Tiere leben in größeren Gruppen in einem Bau aus Röhren und Gängen in lockerem Sandboden. Auch wenn sie scheu sind, kann man sie häufig gut beobachten. Und dabei eine ganz besondere Eigenart feststellen ...

Eklig oder clever?

Wenn du Kaninchen beobachtest, sieht du vielleicht, dass sie ihren eigenen Kot fressen. Das kommt uns ziemlich unappetitlich vor, ist aber für viele Nager eine einfache Methode, um die ganzen schwer verdaulichen Gräser, Blätter und Wurzeln, die sie knabbern, besser klein zu kriegen.

In der ersten Runde werden die Pflanzenteile im Blinddarm von speziellen Bakterien verdaut und dann wieder ausgeschieden.

Die Nagetiere fressen diesen Blinddarmkot dann direkt noch mal und können jetzt auch die restlichen Nährstoffe und Vitamine aufnehmen

Trommel-Alarm:

Kaninchen halten immer nach Gefahren Ausschau. Entdecken sie etwas, trommeln sie mit ihren Hinterbeinen auf den Boden, um die anderen zu warnen.

Kaninchen wohnen in einem Bau unter der Erde. Dieser Bau besteht aus vielen Röhren und Wohnkesseln und hat immer mehrere Ein- und Ausgänge, damit die Tiere bei Gefahr problemlos flüchten können. Bei einem Kaninchenbau, der von mehreren Generationen über 5 Jahre gebaut wurde, fanden Forscher 150 Eingänge!

Kaninchen sind Nesthocker. Sie verlassen das Nest nicht gleich nach der Geburt, weil sie noch nackt und blind sind. Erst nach drei Wochen wagen sie sich das erste Mal nach draußen.

Rechenaufgabe!

Kaninchen können sich schlecht wehren. Ihre Methode, um das Überleben der Art zu sichern: ganz viele Nachkommen! Ein Weibchen kann 5- bis 6-mal pro Jahr Junge bekommen, ein Wurf besteht aus 3–6 Babys. Wie viele Kaninchen kann ein einziges Weibchen in einem Jahr maximal zur Welt bringen?

....

....

....

Das Geheimnis der krabbelnden Superhelden

Sie beherrschen die Welt – Insekten sind mit über 1000000 identifizierter Arten die größte Tiergruppe überhaupt. (Zum Vergleich: Bei den Säugetieren sind es knapp 5500.) Auch bei uns in der Stadt gibt es sie in riesiger Zahl. Kein Wunder, denn die kleinen Krabbler haben Fähigkeiten, die Spiderman und Co. alt aussehen lassen. Aber was ist das Geheimnis der sechsbeinigen Superhelden?

WOW!

»Ich bin das stärkste Tier der Welt: Ich kann 850-mal so viel heben, wie ich selbst wiege. Das wäre, als wenn du 10 Elefanten stemmen würdest!«

STRONG-MAN

alias Nashornkäfer

»Ich bin aber auch ziemlich stark! Ich kann z. B. Dinge über den Boden ziehen, die 1700-mal so viel wiegen als ich! Um da mitzuhalten, muss Superman ein 85 Tonnen schweres Schiff schleppen.«

POWER-GIRL

alias Ameise

»Da guckst du, Spiderman: Ich kann nicht nur Wände hochlaufen, dank meiner Facettenaugen und meinem Blitzgehirn kann ich viel schneller gucken als du: Ich sehe dich quasi in Zeitlupe!«

DAS AUGE

alias Stubenfliege

»Ich kann auf Regentropfen herumkrabbeln, ohne unterzugehen. Außerdem habe ich einen eingebauten Regenmantel: Meine Wachsschicht lässt Wasser einfach an mir abperlen.«

MISTER WATERPROOF

alias Marienkäfer

»Große Sprünge sind für mich kein Problem, schließlich kann ich 140-mal so hoch hüpfen, wie ich groß bin. Für euch Menschen bedeutet das: von hier auf das Dach des höchsten Hochhauses in Deutschland.«

THE JUMPER

alias Katzenfloh

Die meisten Superkräfte der Insekten beruhen auf ihrer geringen Größe, vor allem die Stärke: Stell dir vor, jemand würde dich auf die Hälfte einschrumpfen, dann würdest du nicht halb so viel wiegen, sondern achtmal weniger. Deine Knochen und Muskeln wären im Durchmesser aber nicht achtmal kleiner, sondern nur um die Hälfte reduziert. Du wärst also wesentlich stärker und schneller als normal. Genauso funktioniert das bei den Insekten, nur sind die eben noch viel kleiner – und stärker.

COOL!

Schnecken – Wie schnell ist eigentlich Schneckentempo?

Sie ist nicht die Schnellste, dafür kann sie so ziemlich jedes Hindernis überwinden. Die Schnecke gleitet mit der Kriechsohle ihres muskulösen Fußes und hinterlässt dabei eine Schleimspur. Genau dieser Schleim ermöglicht es ihr, sogar über scharfe Kanten oder spitze Steine zu kriechen, ohne sich zu verletzen.

Schneckentempo

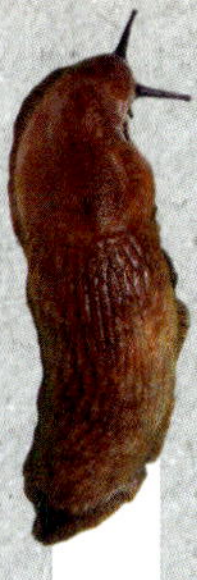

Nacktschnecken:
bis zu 11cm pro Minute

Weinbergschnecke:
7,2cm pro Minute

Bernsteinschnecke:
2cm pro Minute

??? Quizfrage

Was ist ein Schneckenkönig?

a) eine tropische Schneckenart mit lila gefärbtem Haus

b) eine Ansammlung von mehreren Schnecken zu einem kleinen Haufen

c) eine Schnecke, bei der das Haus links- statt rechtsherum gedreht ist

Antwort: c) Fast alle Schneckenhäuser sind rechtsherum gewunden, nur eins unter Tausenden wächst linksherum. Um einen solchen Schneckenkönig zu finden, braucht man jede Menge Glück.

!! Probier´s aus!

Lass eine Schnecke auf einer Platte 1 min lang kriechen, markiere dabei Start- und Endpunkt. Wie weit ist sie gekommen? Du kannst das Experiment auch mit verschiedenen Arten machen. Welche Schnecke ist die schnellste?

Art der Schnecke .... Strecke pro Minute ....

Art der Schnecke .... Strecke pro Minute ....

Art der Schnecke .... Strecke pro Minute ....

Schnecken-Terrarium

Extraprojekt

Wenn du Schnecken länger beobachten möchtest, solltest du ihnen ein schönes zuhause einrichten. Du kannst Schnecken, die du findest, hineinsetzen oder beim Zoo-Händler spezielle Schnecken dafür kaufen, wenn du sie als Haustiere halten möchtest.

Weinbergschnecke:

- Bis zu 10 cm groß
- Größte Gehäuseschnecke in Europa
- Kann bis zu 30 Jahre alt werden.

Bänderschnecke:

- 1,5 cm groß
- Es gibt sie mit oder ohne braunem Band.

Großer Schnegel:

- Bis zu 20 cm lang
- Lebt oft am Waldrand.

Spanische Wegschnecke:

- 8–10 cm lang
- Wurde in den 1960er-Jahren aus Portugal eingeschleppt.
- Gilt als Schädling, da sie alles frisst, was ihr in den Weg kommt.

Du brauchst:

- Glas- oder Plastikterrarium 30x40 cm – wichtig ist dabei eine gute Belüftung!
- Ca. 4 cm dicke Schicht Terrarium-Erde oder Humus-Pressziegel, damit sich die Schnecken eingraben oder Eier legen können
- Dünne Schicht aus Blättern, z. B. Löwenzahn
- Stück alte Rinde zum Verstecken
- Eierschale: Daraus lösen sie den Kalk, den sie für ihr Gehäuse und für ihre eigenen Eier brauchen.
- Evtl. ein Wasserschälchen zum Baden, Trinkwasser brauchen Schnecken nicht.

Pflege: Alte Futterreste, Schleim und Kot sollten regelmäßig entfernt werden!

Futter: Gurken und Apfelstücke

Wenn du Schnecken über einen längeren Zeitraum als Haustiere halten möchtest, lass dich am besten beim Zoo-Händler beraten!

Tipp: Am besten setzt du 3-4 Schnecken der gleichen Art zusammen. Mit etwas Glück siehst du sie dann bei der Paarung und kannst beobachten, wie aus den Eiern kleine Schneckenbabys schlüpfen.

Kellerassel – lebender Metalldetektor

Dieses Tierchen könnt ihr ganz leicht finden: Einfach einmal einen großen Stein anheben! Dann wuseln sie meistens schon aufgeschreckt los, die Kellerasseln. Kein Wunder, denn sie lieben es feucht und dunkel.

Nie mehr pieseln!

Kellerasseln sind echte Müllmänner. Sie durchwühlen den Boden und verarbeiten dabei Reste von Pflanzen oder auch Pflanzenfressern. Sogar ihren eigenen Kot fressen sie, und um Energie zu sparen, geben sie keinen Urin ab. Statt zu pieseln, dünsten sie das giftige Ammoniak einfach als Gas über den Panzer aus.

Quizfrage

Die Kellerassel ist...

a) ein Insekt, denn sie hat Fühler.
b) ein Krebstier, allerdings das einzige, das an Land lebt.
c) ein Fisch, denn sie hat Kiemen.

Antwort b): Ein Krebstier, allerdings hat sie tatsächlich Fühler und Kiemen!

Schau genau!

Wie viele Beine hat eine Kellerassel?

____

Staun-Fact:

Auf einer Fläche von 1 m mal 1 m und 30 Zentimetern Tiefe leben zwischen 50 und 200 Tiere!

Super-Food

Kellerasseln sind ein besonders nahrhafter Snack für Maulwürfe, Kröten und Co. Sie enthalten 40-mal mehr Kalzium als andere Krabbler. Damit stärken sie ihren Panzer, das sogenannte Exoskelett.

Weil Kellerasseln Metalle aufnehmen und in kleinen Fettpölsterchen anreichern, funktionieren sie wie ein lebendiger Metalldetektor: Je mehr Kupfer, Zink oder Eisen im Boden ist, desto größer werden die Tiere.

Insektenfalle

Extraprojekt

Insekten haben viele spannende Geheimnisse, die man entdecken und beobachten kann. Wenn du gleich viele Krabbler auf einmal erforschen möchtest, kannst du im Garten oder auf der Wiese eine Insektenfalle bauen. Es ist ganz einfach, lege gleich los!

Naturforscher-Beobachtungs-Logbuch

In der Insektenfalle

Was?	Wie viele?	Wann?

- Besorge dir ein großes Einmachglas.
- Grabe ein kleines Loch im Garten.
- Stelle das Einmachglas hinein.
- Lege ein bisschen Obst, Gemüse oder Fleisch als Köder in das Glas.

- Dann verteilst du ein paar flache Steine um das Glas herum, damit du eine Art Gestell hast, auf das du ein kleines Brett legst. So können die Tiere zwischen den Steinen zum Glas krabbeln, ohne dass es hineinregnet.

Nach einer Nacht kannst du das Glas herausheben und dir deinen Fang genau anschauen.

Du kannst das Glas auch mit einem Deckel oder einer Folie verschließen, vergiss aber nicht, ausreichend Luftlöcher hineinzubohren.

Nachdem du die Krabbler genau beobachtet hast, lässt du sie am besten schnell wieder in die Freiheit.

Die Vogel-Uhr – praktisch für Frühaufsteher

Keine Uhr dabei, aber trotzdem wissen wollen, wie spät es ist? Kein Problem, wenn man sich mit Vogelstimmen auskennt! Denn jede Art singt vor dem Sonnenaufgang immer um eine ganz bestimmte Zeit. So gibt es kein kreischendes Durcheinander. Jedes Vogelmännchen kann ganz in Ruhe sein Liedchen trällern und damit sein Revier markieren oder ein Weibchen umwerben.

!! Probier´s aus!

Welche Vogelstimmen kannst du erkennen? Der Kuckuck oder der Zilpzalp sind einfach zu identifizieren: Ihr Gesang klingt, wie sie heißen. Wenn du auch andere Vogelgesänge lernen möchtest, gibt es dafür kostenlose Apps oder Internetseiten, auf denen du dir die Singvögel anhören kannst (z.B. vom NABU).

Tipps für das Vogel-Heim

- Der Eingang sollte nach Südosten zeigen und der Nistkasten nicht der prallen Sonne ausgesetzt sein.
- Den Kasten mindestens 3 m hoch und sicher aufhängen, damit Katzen und andere Raubtiere kein leichtes Spiel haben.
- Am besten schon im Dezember aufhängen, damit die Vögel ihn rechtzeitig bemerken.

Die Vogel-Uhr

90 Min. vor Sonnenaufgang:

Feldlerche, Gartenrotschwanz

50 Min. vor Sonnenaufgang:

Rotkehlchen, Kuckuck

45 Min. vor Sonnenaufgang:

Amsel, Goldammer

35 Min. vor Sonnenaufgang:

Zilpzalp, Blaumeise

15 Min. vor Sonnenaufgang:

Star, Grünfink, Haussperling

Sonnenaufgang:

Bachstelze

Schnabel-Detektiv –
fressen, wie einem der Schnabel gewachsen ist

Lang, spitz, kurz, flach oder sogar gekreuzt. Schau mal genau hin, dann wirst du entdecken, dass Vogelschnabel nicht gleich Vogelschnabel ist. Man kann auch erkennen, was bei seinem Besitzer auf der Speisekarte steht. Denn jeder Schnabel ist ein echtes Spezialwerkzeug!

Die Pinzette

Form: lang, schmal und spitz

Geeignet: zum Picken von Insekten und getrockneten Beeren

Vertreter: Rotkehlchen, Specht, Drossel

Der Korn-Knacker

Form: klein, dick, kegelförmig

Geeignet: zum Knacken von Sonnenblumenkernen, Leinsamen und anderen Körnern

Vertreter: Kernbeißer, Meise, Spatz

Der Löffel

Form: abgeflacht, vorne abgerundet

Geeignet: zum Rupfen von Gras und zum Löffeln von Wasserpflanzen oder Wasserinsekten

Vertreter: Stockente, Schwan

Der Haken

Form: gekrümmt und mit scharfen Kanten

Geeignet: zum Jagen von Mäusen oder kleinen Vögeln und zum Zerkleinern von Fleisch

Vertreter: Greifvögel wie Wanderfalke, Sperber oder Eule

Der Gekreuzte

Form: Enden überkreuzen sich

Geeignet: um Zapfenschuppen aufzubiegen und die Nadelbaumsamen mit der Zunge herauszuholen

Vertreter: Fichtenkreuzschnabel

Quizfrage

Wann ist ein Vogelschnabel ausgewachsen?

a) direkt beim Schlüpfen aus dem Ei, nur der Kopf wächst weiter
b) er hört nie auf zu wachsen, nutzt sich aber immer wieder ab
c) wenn die Vögel das erste Mal Eier legen

Antwort: b)

Spinnen – im Netz der Grusel-Krabbler

Spinnfaden ist fünfmal stärker als Stahl. Spinnen halten uns fiese Insekten wie Stechmücken vom Leib. Und Spinnen sind echte Meisterarchitekten. Trotzdem sind die Achtbeiner bei uns oft alles andere als beliebt, obwohl nur eine Vertreterin uns wirklich vorsichtig sein lassen sollte.

Die Bekannteste: Kreuzspinne

Die Kreuzspinne fällt durch ihr schönes Kreuz am Rücken auf. Sie frisst an einem guten Tag bis zu drei fette Fliegen, kann aber auch tagelang ohne Fressen auskommen.

Die Gefährliche: Dornfinger

Sie ist die einzige Spinne in Deutschland, vor der wir uns wirklich in Acht nehmen müssen: Der Dornfinger kann mit seinen Giftzähnen richtig schmerzhaft zubeißen! Zum Glück lebt er nicht im Haus, sondern auf der Wiese.

Die Verwandelbare: Krabbenspinne

Die Veränderliche Krabbenspinne wartet in Blüten auf ihre Opfer. Um sich zu tarnen, kann sie ihre Farbe dem Untergrund anpassen und entweder weiß, gelb oder grün werden.

Die Springende: Zebraspringspinne

Sie ist sehr klein, macht aber große Sprünge. Die gerade mal 5 mm große Zebraspringspinne braucht kein Netz: Sie nutzt ihren Spinnfaden nur als Sicherheitsleine, wenn sie sich auf Fliegen oder Käfer stürzt.

Die Furchteinflößende: Große Winkelspinne

Die Große Winkelspinne macht es sich gerne in Häusern bequem und sorgt mit ihrer Größe von bis zu 10 cm für so manchen Schreckensschrei. Sie ist aber für uns nicht giftig.

Die Falsche: Weberknecht

Der Weberknecht ist überhaupt keine Spinne! Denn sein Körper besteht nur aus einem einzigen Teil, er gehört wie Skorpione oder Zecken zu den Spinnentieren. Echte Spinnen sind zweigeteilt. Außerdem hat der Weberknecht nur zwei Augen, Spinnen dagegen ein Paar Mittelaugen und meist zwei oder drei Paar Seitenaugen.

Ins Netz gegangen –
der Superstoff für echte Jäger

Der Spinnfaden entsteht aus einer Flüssigkeit der Spinnwarzen im Hinterleib. Sobald die Flüssigkeit an die Luft kommt, wird sie zu reißfesten Fäden. Er ist dünner als ein menschliches Haar und kann bis zu 200 °C aushalten. Nicht jede Spinne webt daraus das klassische Radnetz, es gibt viele unterschiedliche Arten:

Gar kein Netz

Einige Spinnen, die wie die Wolfspinne auf dem Boden leben, schnappen sich ihre Beute einfach so.

Baldachinnetz

Raffinierte Falle: Überkreuzte Fäden bringen das Insekt zu Fall und es landet in der klebrigen Hängematte.

Schon gewusst?

Gibt man einer Spinne Kaffee, webt sie große Löcher in ihr Netz!

Radnetz

Das häufigste Muster, gewebt von Kreuzspinne, Wespenspinne etc. ...

Trichternetz

In Baumlöchern oder anderen Spalten wartet die Spinne darin auf ihr Opfer.

Raumnetz

Es kann eine ganze Baumspitze einhüllen.

!!

Probier´s aus!

Mach dich auf die Suche nach verschiedenen Netz-Typen! Wie viele unterschiedliche kannst du finden? Starte eine Foto-Sammlung!

Kleiner Tipp: Draußen im Garten, auf der Wiese und am Schuppen kannst du die feinen Fäden besonders gut sichtbar machen, wenn du sie mit feinem Wassernebel aus einer Sprühflasche besprühst.

Igel – der spuckende Kugelblitz

Hast du gewusst, dass die rund 8000 Stacheln eines Igels hohl sind? Deswegen sind sie fest, aber auch leicht und biegsam und brechen nicht so schnell ab wie beim Stachelschwein. Aber es gibt noch mehr erstaunliche Igel-Fakten.

Top 6 der Staunfacts beim Igel

1 Eingebauter Airbag

Igel überstehen Stürze aus einer Höhe von mehreren Metern ohne Schaden! Ihre Stacheln wirken wie ein Schutzpolster und federn den Aufprall ab.

2 Kugelblitz

Ein Igel braucht nur 1 Sekunde, um sich in einen Stachelball zu verwandeln.

3 Immun

Auf der Speisekarte des Igels stehen auch echte Giftspritzen wie Wespe, Biene oder Hummel. Das geht nur, weil er ziemlich resistent gegenüber deren Gift ist, die Stiche machen ihm nichts aus.

4 Schlafmütze

Den größten Teil des Tages verschläft der gemütliche Nager. Er ist in der Nacht gerade mal sechs Stunden wach.

5 Spucke hilft immer

Wenn der Igel schaumigen Speichel an der Schnauze hat, ist er nicht krank, er will nur mal kosten. Er schmeckt nämlich nicht mit der Zunge, sondern mit dem Jacobsonschen Organ, das am Gaumen sitzt. Unbekannte Gegenstände oder Futter werden so lange gekaut, bis sie ganz eingespeichelt sind. Diese Spucke transportiert er dann mit der Zunge zum Gaumen. Dann entscheidet der Igel, ob er weiterkaut oder lieber ausspuckt.

6 Liebes-Karussell

Wenn ein Igelmännchen seine Angebetete beeindrucken will, umkreist er sie oft stundenlang, das nennt man das Igel-Karussel.

Maulwurf – er hört die Regenwürmer husten

Ihn selbst sieht man fast nie, seine Bauwerke dafür umso deutlicher: Der Maulwurf gräbt sich mit seinen schaufelartigen Vorderbeinen durch die Erde. So baut er sich ein komplexes Netz aus Gängen, das bis zu 200 m lang ist. Auf den Hügeln landet die Erde, die er aus seinen Gängen herausgebuddelt hat.

!! Probier´s aus!

Male eine Maulwurfskarte

- Suche dir eine Wiese mit Maulwurfshügeln.
- Zeichne alle Hügel in eine Karte ein.
- Findest du auch die Belüftungslöcher?
- Wie könnten die Gänge zwischen den verschiedenen Hügeln verlaufen? Zeichne sie ein!

Blind wie ein Maulwurf

Tatsächlich können die kleinen Augen des Maulwurfs nur hell und dunkel unterscheiden. Dafür kann er umso besser hören und fühlen. Wenn ein Regenwurm in einen seiner Gänge fällt oder ein Insekt darin herumkrabbelt, ist er sofort zur Stelle.

Könntest du an einem Tag 25 kg Nudeln essen?

Der Maulwurf braucht richtig viel Futter! In 24 Stunden frisst er so viel, wie er selbst wiegt. Nach einem einzigen Tag ohne Nahrung würde er verhungern. Deshalb legt er sich kleine Vorratskammern an, in denen er lebende Regenwürmer deponiert.

Wie bekommt der Maulwurf unter der Erde Luft?

Die Gänge und Kammern liegen bis zu 70 Zentimeter tief unter der Erde und erinnern ein bisschen an ein Spinnennetz, nur eben für Regenwürmer. Damit der kleine Grabe-Meister dort auch genug Luft bekommt, hat er ganz spezielles Blut: Es enthält viel mehr Hämoglobin als unseres und kann so mehr Sauerstoff aufnehmen.

Experiment: Ameisensprache

Extra-projekt

Wenn eine Ameise bei einem Ausflug eine leckere Nahrungsquelle entdeckt, z.B. Insekten, Spinnen, Würmer, Beeren oder auch ein paar Kekskrümel von deinem letzten Picknick, dann kommt sie meistens schnell mit Verstärkung wieder! Aber wie kommunizieren die Krabbler überhaupt miteinander?

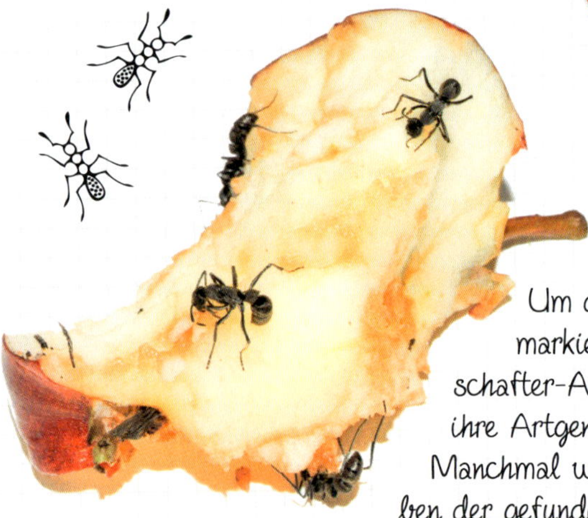

Um den Weg zur Nahrung zu markieren, versprüht die Kundschafter-Ameise eine Duftspur, der ihre Artgenossen dann folgen können. Manchmal werden auch kleine Kostproben der gefundenen Leckerei verteilt, um die anderen zu überzeugen.

Experiment 1

Wenn du eine Ameisenstraße entdeckst, kannst du mit dem Finger ein paar Mal hin- und herwischen.

Was passiert?

Die Ameisen werden kurze Zeit verwirrt umherlaufen, weil du die Duftspur unterbrochen hast. Aber keine Sorge, die Tiere werden schnell eine neue Straße markieren.

Experiment 2

- Lege ein großes Blatt Papier in die Nähe eines Ameisennests. Ans äußere Ende legst du etwas Süßes wie ein Stück Keks oder Kuchen, um die Krabbler anzulocken.
- Beobachte, wie die Tiere auf ihrer Straße zur Süßigkeit laufen, sobald sie sie entdeckt haben.
- Jetzt schnappst du dir den Köder und legst ihn an eine andere Stelle auf dem Papier.

Was passiert?

Die Ameisen laufen erst mal trotzdem zur alten Stelle, denn sie folgen nicht dem Geruch der Süß igkeit, sondern der markierten Duftspur.

Expedition Bach: Werde zum Wasserforscher!

Extraprojekt

An einem Bach gibt es jede Menge zu entdecken! Nicht nur Fische und Vögel, sondern vor allem die kleinen Lebewesen bergen so manch spannendes Geheimnis. So verraten dir die Bewohner eines Gewässers genau, wie sauber das Wasser ist. Und das Beste daran: Du kannst sie ganz einfach einfangen und entdecken!

!!

Probier´s aus!

Du brauchst:

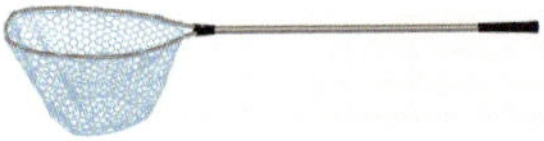

- Gummistiefel
- feinmaschiges Küchensieb (oder Kescher)
- saubere Eisschachteln und Joghurtbecher
- am besten noch eine Becherglaslupe o. Ä.

Dann geht es los! Einfach rein in den flachen Uferbereich und einen Stein oder Ast anheben. Dann auch den Ast oder Stein selbst in die Eisschachtel legen, denn daran haben sich bestimmt auch noch einige Tierchen festgekrallt. Die kannst du dann vorsichtig absammeln und in die Joghurtbecher setzen. Wenn du fertig bist, setze alle Lebewesen wieder vorsichtig am Fluss aus.

Du kannst auch versuchen, die Tiere zu zeichnen! So bemerkst du noch mehr Besonderheiten.

Tipp: Damit du auch die Tiere erwischst, die dabei gleich weggespült werden, musst du vorher den Kescher oder das Sieb hinter den Stein halten, also flussabwärts.

Von welcher Gruppe hast du die meisten Tiere gefunden?

Sehr sauberes Wasser:

- ☐ Steinfliegenlarve (erkennst du gut an den zwei Schwanzfäden) bis zu 2 cm
- ☐ Köcherfliegenlarve mit Köcher bis zu 3 cm (sie lebt in einem Röhrchen aus Steinen oder Holz)
- ☐ Eintagsfliegenlarve (hat drei Schwanzfäden) bis zu 1,5 cm

Mittleres Wasser:

- ☐ Bachflohkrebs bis zu 2 cm
- ☐ Schlammschnecke 3 cm
- ☐ Strudelwurm 3 cm

Stark verschmutztes Wasser:

- ☐ Wasserassel bis zu 1,2 cm
- ☐ Schlammröhrenwurm bis zu 8 cm
- ☐ Rote Zuckmückenlarve bis zu 2 cm

Fische – Super-Sinnesorgan und eingebauter Schwimmflügel

Viele Fische haben ein eingebautes Tarnsystem: Ihr Rücken ist matt und dunkel, damit sie Jäger aus der Luft nicht zu schnell unter der Wasseroberfläche entdecken. Der Bauch dagegen ist silbrig glänzend und verschmilzt so mit der schillernden Wasseroberfläche, die ein Räuber unter Wasser sieht, wenn er nach oben schaut.

Warum geht ein Fisch nicht unter?

Damit Fische nicht ständig schwimmen müssen, haben sie eine Schwimmblase. Die ist nichts anderes als ein Schwimmflügel im Bauch, ein gasgefüllter Sack. Wenn die Fische höher oder tiefer schwimmen wollen, können sie Gas hineinpumpen oder ablassen. Es gibt übrigens auch Fische ohne Schwimmblase, wie die Haie. Sie müssen ohne Pause schwimmen, um nicht unterzugehen, sogar im Schlaf.

Tasten ohne Berühren: das Super-Sinnesorgan

Mit dem Seitenlinienorgan können sie Dinge fühlen, ohne sie zu berühren! Sie ertasten Wasserwirbel, Hindernisse oder andere Fische auch im trübsten Wasser.

Probier's aus!

Forme aus Knetmasse eine typische Fischform, außerdem andere Formen, z.B. Würfel

a) Lass die Formen in ein großes Wassergefäß fallen. Welche Form sinkt am schnellsten?

b) Gieße Wasser mithilfe eines Trichters auf die Formen. Wo spritzt es am wenigsten?

Der Knetfisch geht am schnellsten unter, und es spritzt am wenigsten, wenn ihr ihn mit Wasser begießt. Der Grund: Die Form des Fischs bietet dem Wasser am wenigsten Widerstand. Deshalb kann ein Fisch sich sehr gut durch das Wasser bewegen.

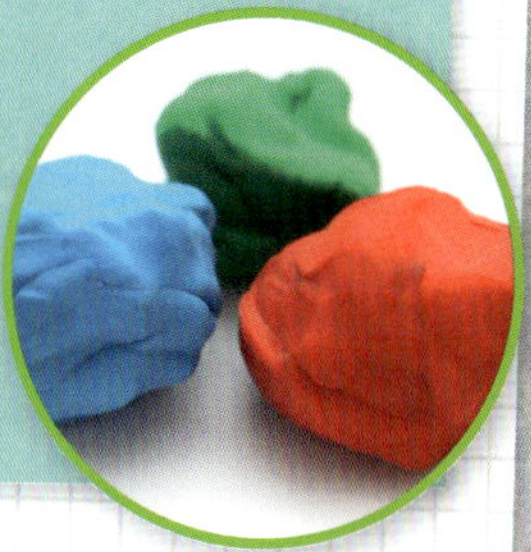

Staun-Fact:

Der Wels kann an den Wasserwirbeln sogar noch eine Minute später spüren, ob ein Beutefisch vorbeigeschwommen ist!

Quizfrage

Wofür brauchen Fische ihre Seitenflossen?

a) zum Gleichgewichthalten

b) zum Lenken

c) zum Vorwärtskommen

Antwort a) + b): Nach vorne schwimmen die Fische, indem sie ihre Schwanzflosse und den Körper bewegen, die Seitenflossen dienen der Steuerung und dem Gleichgewicht.

Die Top 4
der Fisch-Superfähigkeiten

Anders als wir, können Fische unter Wasser atmen. Das verdanken sie ihren Kiemen, die den Sauerstoff aus dem Wasser herausfiltern. Aber auch ansonsten verfügen die Schuppenträger über einige spannende Superkräfte ...

1 Schmeckende Haut

Der Wels ist der größte Fisch in unseren Seen. Er kann so groß und schwer werden wie ein ausgewachsener Mann. Er erspürt Fische nicht nur mit seinem Seitenlinienorgan, zusätzlich hat er auf dem ganzen Körper Geschmacksknospen. Damit kann er einen Beutefisch schon auf fünf Meter Entfernung »erschmecken«.

2 Pupsen, um zu überleben

Der Schlammpeitzger kann über seinen Darm atmen! Dazu kommt er einfach an die Wasseroberfläche und schluckt Luft. Wenn er den Sauerstoff herausgefiltert hat, pupst er den Rest einfach wieder aus.

3 Die Super-Nase

Riechen und schmecken können Fische über ihre Riechgruben zwischen Maul und Augen. Forellen können eine Million Mal besser schmecken als wir, das ist wichtig, denn die Fische nutzen den Geschmack des Wassers auch, um sich zu orientieren. Den besten Geruchssinn unter den Fischen besitzt der Aal: Er könnte einen einzigen Zuckerwürfel im Bodensee herausschmecken.

!!

Probier´s aus!

Nimm drei Gläser Wasser und rühre in eins davon eine kleine Prise Zucker. Kannst du den Unterschied zu purem Wasser schmecken? Wenn ja, rühre in das dritte Glas ein einziges Zuckerkorn und wiederhole den Test. Für die Fische wäre es ein Leichtes, den Zucker zu schmecken, aber unsere Zunge tut sich da schwerer ...

4 Der Fisch, der auch an Land leben kann

Aale können auch außerhalb des Wassers atmen. Wenn sie sich während einer Trockenzeit über die Wiese zu einem anderen Gewässer schlängeln, schalten sie einfach von Kiemen- auf Hautatmung um.

Die Wasser-Bezwinger – Supertaucher und Zauberfüße

Was tun, wenn die Lieblingsbeute im Wasser ist, man selbst aber Luft zum Atmen braucht? Dann muss man sich schon ein paar ziemlich geniale Tricks einfallen lassen, denn Taucherbrille und Sauerstoffflasche gibt es für Tiere nicht ...

Eingebauter Schnorchel

Der Wasserskorpion atmet durch einen Schnorchel am Hinterleib. So kann er ganz ruhig warten, bis ihm eine Kaulquappe vor die Greifscheren schwimmt.

Gewebte Taucherglocke

Die Wasserspinne ist die einzige Spinne, die unter Wasser lebt. Da sie Luft zum Atmen braucht, spinnt sie eine Taucherglocke zwischen den Wasserpflanzen. Sie befüllt sie mit Sauerstoff, indem sie beim Abtauchen eine Luftblase formt, die sie unter der Glocke loslässt.

Paddelfüße und Vorrats-Flügel

Die Tauchtechnik des Gelbrandkäfers ist ebenfalls beeindruckend: Er sammelt die Luft unter seinen Deckflügeln. Ist sie aufgebraucht, streckt er einfach seinen Po kurz aus dem Wasser. Und schon kann er mit seinen paddelartigen Hinterbeinen weitertauchen.

Bauch-Pölsterchen

Allerdings nicht aus Speck, sondern aus Luft helfen dem Rückenschwimmer beim Tauchen. Unter seinen Bauch hat er einen effektiven Stechrüssel geklappt, mit dem er auch Menschen schmerzhaft piksen kann.

Magische Füße

Mit bis zu 1 m pro Sekunde flitzt der Wasserläufer über das Wasser. Er ist auf der Jagd nach kleinen Insekten. Er hat an seinen Füßen ganz viele wasserabweisende Härchen. So verteilt er sein geringes Gewicht auf eine große Fläche. Dank der Oberflächenspannung des Wassers geht er nicht unter.

!! Probier´s aus!

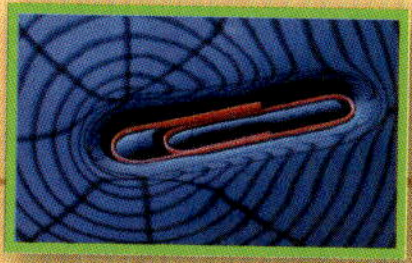

So kannst du die Oberflächenspannung des Wassers sichtbar machen: Lege dazu eine Büroklammer auf einem Stück Löschpapier auf die Wasseroberfläche in einer Schüssel. Wenn das Papier sich vollsaugt und untergeht, schwimmt die Büroklammer trotzdem weiter.

Der Grund: Die Wassermoleküle wirken wie ein dünnes Netz, Gegenstände mit wenig Gewicht, aber großer Oberfläche gehen nicht unter.

Was passiert, wenn du in das Wasser einige Tropfen Spülmittel gibst? Das Netz wird zerstört und die Büroklammer geht unter.

Frosch und Kröte – kleine Laichkunde

Frösche und Kröten gehören wie Lurche und Molche zu den Amphibien. Das bedeutet, sie können an Land und im Wasser leben. Amphibien sind wechselwarm, ihr Körper passt sich der Umgebungstemperatur an. Bei Wärme sind sie aktiver, bei Kälte eher träge. Aber wo liegt eigentlich der Unterschied zwischen Kröte und Frosch?

Who is who?

Das beste Unterscheidungsmerkmal zwischen Fröschen und Kröten ist ihr Gang: Frösche haben lange Hinterbeine und können deswegen auch weite Sprünge machen. Kröten müssen sich mit kurzen Beinen zufriedengeben und watscheln deswegen eher langsam durch die Gegend.

KRÖTE

FROSCH

Ein Unterschied ist auch fühlbar: Die Haut des Froschs ist feucht und glatt, die der Kröte feucht und lederartig.

Wem gehören welche Eier?

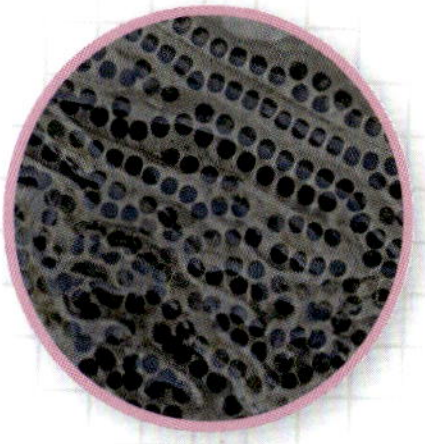

Perlschnüre aus Eiern in einer Hüllschnur, bis zu 1 Meter lang und um Wasserpflanzen geschlungen: Kröten

Eier mit Gallertschicht in dicken Klumpen, bis zu 7 cm dick: Frösche

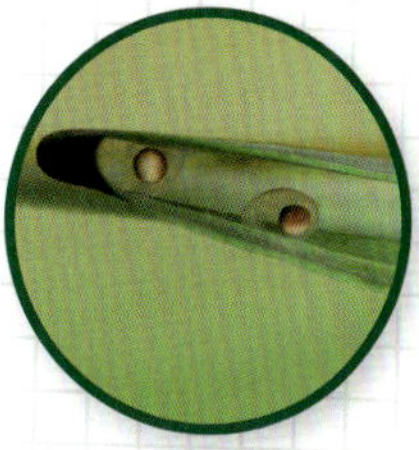

Einzelne Eier werden in die Blätter von Unterwasserpflanzen eingefaltet: Molche

Quak-Konzert

Das berühmte Quaken entsteht in der Schallblase und soll – natürlich – Weibchen anlocken und das Revier markieren. Dabei pusten die Amphibien die Haut am Boden der Mundhöhle wie einen Luftballon auf und bringen dann ihre Stimmbänder zum Schwingen.

Schon gewusst?

Amphibien-Laich steht unter Naturschutz und darf nicht mit nach Hause genommen werden.

Kleine Froschkunde – Wer hüpft denn da?

Spätestens mit Kermit aus der »Sesamstraße« sind seine Verwandten zu echten Sympathieträgern geworden. In Deutschland gibt es von den weltweit bekannten 5000 Froschlurcharten gerade mal 15 Stück. Und die gefräßigste ist noch gar nicht lange bei uns: Der Ochsenfrosch wurde erst vor etwa 17 Jahren aus Amerika eingeschleppt.

GRASFROSCH: Die häufigste Froschart bei uns; es gibt ihn in Gelb, Rot oder Schwarzbraun mit Flecken.

LAUBFROSCH: Anders als andere Frösche lebt er nicht im Wasser, sondern auf Bäumen und Sträuchern in Gewässernähe.

MOORFROSCH: Während der Paarungszeit wird das Männchen leuchtend blau.

OCHSENFROSCH: Er ist ein echter Vielfraß und schnappt sich nicht nur Regenwürmer und Insekten, sondern auch Fische, Vögel, Schildkröten und andere Frösche.

ERDKRÖTE: Sie ist die Königin der Kröten, denn sie ist nicht nur die größte, sondern auch die häufigste. Auf der Haut produziert sie ein für einige Tiere sehr giftiges Sekret, um Fressfeinde abzuschrecken.

KREUZKRÖTE: Die Haut ist grün-braun marmoriert, auf dem Rücken trägt sie meistens einen gelben Streifen. Während der Laichzeit sind ihre Rufe bis zu 2 km weit zu hören.

GEBURTSHELFERKRÖTE: Sicher ist sicher – die Männchen tragen den Laich mit sich herum, bis die Larven schlüpfen und sie sie im Wasser absetzen.

Naturforscher-Beobachtungs-Logbuch

Welchen Frosch/ welche Kröte hast du beobachtet? ....

Wo? ....

Welchen Frosch/ welche Kröte hast du beobachtet? ....

Wo? ....

Welchen Frosch/ welche Kröte hast du beobachtet? ....

Wo? ....

Libellen – geheimes Leben im Wasser

Vorwärts, rückwärts, stillstehend oder superschnell – Libellen sind echte Flugkünstler. Das liegt an den beiden großen Flügelpaaren, die sie unabhängig voneinander bewegen können. So erwischen sie ihre Beute – kleine Insekten – im Flug.

Schau genau! Du kannst die Häute der geschlüpften Larven auf den Pflanzenstängeln finden – und sogar sammeln, wenn du willst!

? Schon gewusst?

Libellen sehen nur den kürzesten Teil ihres Lebens so aus, wie wir sie kennen. Sie leben teilweise mehrere Jahre als Larve unter Wasser, bevor sie nur wenige Wochen in der Luft herumfliegen. Während dieser Zeit atmen die Libellenkinder wie Fische durch Kiemen. Für ihre Verwandlung krabbelt die Larve auf einem Pflanzenstängel aus dem Wasser und lässt ihre Haut am Rücken aufplatzen. Heraus krabbelt die frisch geschlüpfte Libelle. Erst nach ein paar Stunden ist sie komplett ausgehärtet und fliegt majestätisch davon.

Quiz

Bei Gefahr können Libellen uns Menschen …

a) … gar nichts tun.

b) … stechen.

c) … beißen.

Antwort: c) Libellen haben gar keinen Stachel. Die langen Fortsätze, die man manchmal sehen kann, benutzen die Tiere zur Paarung oder Eiablage. Sie haben aber Beißwerkzeuge, mit denen sie uns kneifen können. Mehr als ein Zwicken spüren wir aber nicht, denn Libellen sind nicht giftig.

Heidelibelle

Große Königslibelle

Federlibelle

Libellenbeobachtung

Gute Chancen hast du an einem stehenden Gewässer oder einem sehr langsam fließenden Fluss mit guter Wasserqualität und vielen Wasserpflanzen.
Welche Sorten kannst du beobachten?

....

....

Versuche dir den Körper einer Libelle genau anzuschauen. Wie viele abgetrennte Abschnitte kannst du beim Hinterleib zählen? Wenn du genau hinschaust, wirst du zehn Segmente entdecken.

Ente und Schwan:
das Rätsel um die Enten-Erpel

In See, Teich oder Fluss gibt es nicht nur Leben im Wasser, sondern auch an der Wasseroberfläche. Die bekanntesten Vertreter dabei sind bei uns die Stockente und der Höckerschwan. Einige Naturschützer fordern, dass wir die Wasservögel nicht mehr füttern sollen. Aber echte Naturforscher wissen, wie es richtig geht!

Das mysteriöse Verschwinden der Enten-Erpel

Bei den Stockenten lassen sich Erpel und Weibchen einfach voneinander unterscheiden: Denn die Weibchen sind braun, die Männchen allerdings fallen mit ihrem bunten Federkleid und dem grünen Kopf ins Auge. Doch im Sommer scheinen alle Erpel verschwunden zu sein!

Was ist mit den armen Enten-Männchen bloß passiert?

Sie sind inkognito unterwegs und sehen aus wie die Weibchen! Ende Mai, Anfang Juni verlieren sie nämlich ihre Schwungfedern und sind deswegen bis zu fünf Wochen flugunfähig. Da ist es besser, sich ein unauffälliges Federkleid zuzulegen, bis die neuen Federn wieder nachgewachsen sind. Erkennen kannst du sie an ihrem gelben Schnabel! Erst im September sind dann wieder glänzend grüne Erpel-Köpfe zu bewundern.

Start des Jumbo-Jets

Der Höckerschwan ist unser größter heimischer Wasservogel. Die Männchen können bis zu 15 kg schwer werden. Kein Wunder, dass der Brummer ordentlich Anlauf braucht, wenn er abheben will. Er rennt erst mal über das Wasser, um wie ein Flugzeug die nötige Startgeschwindigkeit zu erreichen.

Schau genau! Woher der Höckerschwan seinen Namen hat, ahnst du, wenn du dir seinen Schnabel genau anschaust!

Enten füttern – aber richtig!

Meistens finden die Wasservögel genug Futter in der Natur. Wenn du sie aber trotzdem füttern oder sie im Winter unterstützen möchtest, erfährst du hier, wie es richtig geht.

- Nur füttern, bis die Tiere satt sind. Brotreste verfaulen und machen die Tiere krank und verschmutzen das Wasser.
- Am besten kein Brot füttern, denn das ist für die Tiere wie für uns Fast Food: Kann man zwar einfach essen, zu viel ist aber ungesund und einseitig.
- Gutes Futter: Haferflocken und Obst oder spezielles Wasservogelfutter aus dem Zoo-Geschäft.
- Niemals schimmeliges Brot verfüttern, das macht auch die Vögel krank!

Mythos Wolf –
Comeback nach 150 Jahren

Früher war er einmal das häufigste Raubtier in Deutschland, doch dann wurde er gnadenlos gejagt, bis der Wolf Ende des 19. Jahrhunderts bei uns komplett ausgerottet war. Aber seit 1990 ist er zurück und streift wieder durch den deutschen Winterwald. Mittlerweile gibt es in Deutschland ungefähr 61 Wolfsrudel und 9 Paare, die meisten in Brandenburg, Sachsen, Sachsen-Anhalt und Niedersachsen. Es gibt jede Menge Vorurteile und Fragen. Hier erfährst du mehr über dieses spannende Tier!

Fakten:

Größe:	1 m – 1,40 m
Gewicht:	35 – 65 kg
Augenfarbe:	Gelb bis Gelb-Grün
Schnüffelnase:	Wölfe riechen andere Tiere, selbst wenn diese 2,5 km entfernt sind
Spitzengeschwindigkeit:	50 km/h
Gehör:	Hört andere Wölfe bis zu einer Entfernung von 9 km

Heulen Wölfe wirklich den Mond an?

Nein, Wölfe heulen, um mit anderen Wölfen zu kommunizieren; mit dem Mond hat das nichts zu tun.

Wie setzt sich ein Rudel zusammen?

Ein Rudel ist eine kleine Familie mit ca. 8 Mitgliedern, dazu gehören das Elternpaar, ihre Jungwölfe und die kleinen Welpen.

Was frisst ein Wolf?

Am häufigsten Rehe, danach folgen Rotwild und Wildschweine. Ab und zu auch kleinere Beute wie Hase und Biber.

Wofür ist der Wolf gut?

Er ist quasi die Gesundheitspolizei des Waldes, denn meistens schnappt er sich erst die kranken oder schwachen Tiere.

Ist der Wolf für den Menschen gefährlich?

Der Wolf ist ein Raubtier und kann gefährlich werden, wenn er provoziert wird. Lässt man ihn in Ruhe, besteht keine Gefahr. Seit der Wolf zurück ist, hat sich noch keins der Tiere aggressiv verhalten.

Was ist das Problem?

Ab und zu erbeutet ein Wolf auch ein Nutztier wie Schafe und Ziegen. Deswegen sind viele Tierhalter nicht begeistert, wenn ein Wolf in ihrer Nähe sein Revier hat.

Was soll ich tun, wenn ich auf einen Wolf treffe?

Die Chancen dafür sind sehr gering, denn der Wolf ist scheu. Sollte es dennoch passieren, solltest du den Wolf in Ruhe lassen und dich langsam zurückziehen.

Waldameisen – one in a million

In einem Waldameisenstaat leben bis zu einer Million Tiere auf engstem Raum zusammen. Dabei hat jedes Tier einen bestimmten Job, der sich im Laufe des Ameisenlebens aber ändern kann. Die Honigtau-Melkerinnen sammeln in einem Jahr insgesamt 200 Liter Honigtau und die Jägerinnen erbeuten mit ihrer Säurespritze und dem Beißkiefer ganze 28 kg Insekten.

Quizfrage

Wie alt kann eine Ameisenkönigin werden?

a) 1 Jahr
b) 5 Jahre
c) 20 Jahre

Antwort: c)

Naturforscher-Beobachtungs-Logbuch

Ameisenhaufen gefunden ☐

Wo? ....

Wie groß? ....

Ameisenhaufen gefunden ☐

Wo? ....

Wie groß? ....

Krabbelnde Heizkörper

Im Winter fallen die Ameisen in eine Kältestarre. Sobald im März die ersten warmen Sonnenstrahlen auf den Bau fallen, klettern einige Arbeiterinnen heraus und lassen von der Sonne ihren Körper aufwärmen. Danach krabbeln sie ins Nest zurück und geben ihre Wärme an die anderen Tiere ab.

? Stimmt's? Es gibt auch fliegende Ameisen!

Stimmt! Es sind die Männchen und die jungen Königinnen bei ihrem Hochzeitsflug. Sie verlassen das Nest und paaren sich, um eine neue Kolonie zu gründen. Die Männchen sterben kurz nach der Paarung, die Königin streift ihre Flügel ab und baut sich eine kleine Brutkammer, in der sie ein paar Eier legt.

Rote Waldameise
Kopf und Hinterleib sind zwar schwarz, aber der Rest ist rötlich gefärbt.

Staun-Fact:

Waldameisen bauen Nesthügel, die bis zu zwei Meter hoch werden. In Wahrheit ist das Nest aber doppelt so groß, da es noch mal genauso weit in den Boden hineinreichen kann. Die Hügel sammeln die Sonnenwärme. Deswegen wird es im Inneren kuschelige 24–29 °C warm, die perfekte Temperatur zur Brutpflege der sechsbeinigen Krabbler.

Eichhörnchen –
die Bienen des Waldes

Eichhörnchen knabbern zwar Nüsse, aber genauso gerne auch andere Baumsamen, die sie z. B. in Kiefern- oder Fichtenzapfen finden. Sie verteilen diese Baumsamen über weite Strecken und sind damit so etwas wie die Bienen des Waldes.

Das Nest eines Eichhörnchens nennt man Kobel.

Ein Schwanz für alle Fälle

Der buschige Eichhörnchen-Schwanz hat gleich mehrere Spezialfunktionen:

- Gleichgewicht ausbalancieren beim Klettern
- Steuerruder und Verlängerung des Körpers beim Springen von Baum zu Baum
- Kuscheldecke und Regenschirm an kalten Wintertagen
- Klimaanlage im Sommer: Über ein feines Blutgefäßnetz im Schwanz können sie Wärme abgeben.
- Kommunikation mit Artgenossen: Seitliches Schwanzwedeln bedeutet z. B. Nervosität.

Quizfrage

Wie weit kann ein Eichhörnchen springen?

a) 30 cm b) 1 Meter c) 2 Meter

Antwort c): Ein Eichhörnchen kann bis zu 2 Meter weit springen! Das ist ca. das Zehnfache seiner Körpergröße.

Was sollte ich tun, wenn ich ein verletztes oder hilfloses Eichhörnchen finde?

Dem Tier am besten einen warmen, dunklen Ruheplatz bieten und dann eine erfahrene Pflegestation anrufen.

z.B den Eichhörnchen Schutz e.V.
Notrufnummer:
+49 (0)176 55 37 68 64

Probier´s aus!

Auch wenn du vielleicht schon das Gegenteil gehört hast: Eichhörnchen füttern ist erlaubt und schadet den Tieren auch nicht!

Auf der Speisekarte stehen dabei:
Hasel- oder Walnüsse, Sonnenblumenkerne, Äpfel, Birnen und Karottenstückchen. Eine besondere Leckerei sind Pinienkerne! Und biete immer auch frisches Wasser dazu an, Knabbern macht durstig.

Naturforscher-Beobachtungs-Logbuch

Welches Futter wurde bei dir besonders schnell weggeknabbert?

....

....

....

Wildschwein –
Auge in Auge mit der Sau

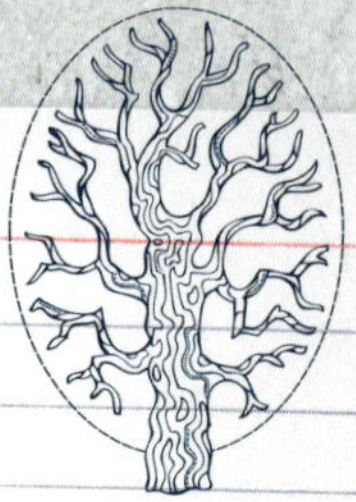

Mit 150 kg und einer Länge von bis zu 2 Metern sind sie eine eindrückliche Erscheinung in unseren Wäldern. Um diese Größe zu erreichen, durchwühlen sie den Waldboden nach Wurzeln, Knollen und Insekten. Aber was sollte man tun, wenn man einem Schwein beim Spaziergang unverhofft gegenübersteht?

Jägerlatein bei Wildschweinen

Wildschweinfamilie	= Rotte
Wildschwein-Mann	= Keiler
Wildschwein-Frau	= Bache
Wildschwein-Kinder	= Frischlinge
Eckzähne des Keilers	= Gewaff

Sind Wildschweine gefährlich?

Normalerweise treten Wildschweine den Rückzug an, wenn sie Menschen entdecken. Nur im Frühjahr, wenn die Mütter mit den Jungtieren unterwegs sind, sollte man aufpassen. Denn um die Frischlinge zu schützen, können die Weibchen ziemlich aggressiv reagieren.

Woran merkst du, dass ein Wildschwein in der Nähe ist?

Tatsächlich kann man Wildschweine riechen, der Geruch erinnert an Maggi. Ein weiteres Zeichen, dass du dich in Wildschwein-Gebiet befindest, sind Baumstämme mit abgewetzter und mit Schlamm beschmierter Rinde. Hier schubbern sich die Männchen gern, um ihr Revier zu markieren.

Was machst du, wenn du auf ein Wildschwein triffst?

Am besten solltest du dich dem Tier nicht nähern und ihm genügend Platz lassen, um wegzulaufen. Gerade bei einer Mutter mit Jungtieren keine hektischen Bewegungen machen und dich zügig entfernen.

Wann wird es gefährlich?

Wenn das Wildschwein laut schnaubt und das Schwänzchen aufstellt, ist es eindeutig in Angriffsstimmung. Sobald es auch noch mit den Zähnen klappert, wird es gleich zur Attacke übergehen. Dann am besten laut klatschen, rufen und sich möglichst groß machen, um das Tier einzuschüchtern.

Wer war hier?

Schau genau!

Ein guter Naturforscher muss die Tiere nicht selbst sehen, um zu wissen, wo sie leben. Wenn du genau hinschaust, entdeckst du im Wald eindeutige Spuren, die dir verraten, wer hier gerade noch unterwegs war. Nur welche Spur gehört zu wem?

1

2

3

4

5

6

7

8

a) Löcher in Baumstämmen und Holzschnipsel am Boden

b) Umgegrabene Walderde

c) Fichtenzapfen mit abgerupften Schuppen

d) Kothaufen auf Baumstumpf

e) Viele Federn auf dem Boden, Federkiele ganz oder mit leichtem Knick und nicht abgenagt

f) Knochen, Schädel, Haare kleiner Säugetiere in einem Gewölle

g) Haselnüsse mit runden, genagten Öffnungen

h) Baumstamm mit abgeschabter Rinde und kniehoch mit Schlamm beschmiert

Antwort: 1c, 2e, 3f, 4a, 5h, 6g, 7d, 8b

Gliederfüßer –
die unsichtbare Legion

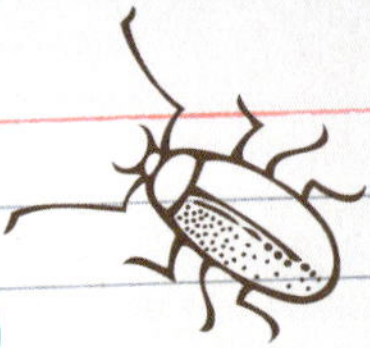

Du stehst im Wald und siehst nur Bäume, Büsche und andere Pflanzen. Trotzdem bist du gerade von unzähligen Tieren umgeben. Die meisten davon sind allerdings so klein und so gut versteckt, dass du von ihrer Existenz gar keine Ahnung hast.

Gliederfüßer sind der erfolgreichste Stamm des Tierreichs. Rund 80 Prozent aller bekannten Arten gehören in diese Gruppe. Zu ihr gehören Insekten, Krebstiere, Spinnentiere und Tausendfüßer. Ein typisches Merkmal ist das feste Außenskelett aus Chitin und Proteinen.

Springschwänze sind winzige, flügellose Insekten, die bei Gefahr mit ihrer Springgabel am Hinterleib weghüpfen können.

Milben gehören zu den Spinnentieren und haben deswegen auch 8 Beine. Die kleinsten sind nur 0,1 mm groß, die größten sind die bekanntesten und unbeliebtesten: die Zecken.

In einem 1 m x 1 m breiten und 30 Zentimeter tiefen Stück Waldboden könntest du das finden:

70 Ameisen

100 Asseln

100 Zweiflüglerlarven

20 Käfer

50 Hundertfüßer

100 Käferlarven

50 000 Springschwänze

Diese Legion sorgt dafür, dass altes Pflanzenmaterial zersetzt und zu neuer, fruchtbarer Erde wird.

100 000 Milben

50 Spinnen

50 Tausendfüßer

Der Luchs –
seltene Raubkatze

Vor Tigern und Löwen müssen wir uns bei einem Waldspaziergang nicht fürchten. Tatsächlich gibt es aber auch bei uns Raubkatzen zu entdecken, allerdings nicht zu fürchten: Der Luchs und die Wildkatze sind wieder in deutschen Wäldern zu Hause, doch die eleganten Tiere sind nicht nur scheu, sondern auch sehr selten.

Die größte europäische Raubkatze

Luchse werden so groß wie ein Schäferhund und sie können bis zu 7 m weit springen. Doch keine Angst, uns Menschen greifen die scheuen Tiere nicht an. Auf ihrer Speisekarte stehen hauptsächlich Rehe.

Verschwunden

Ursprünglich war die gepunktete Raubkatze auch bei uns zu Hause, doch vor 200 Jahren verschwand sie komplett aus Deutschland, ihr Lebensraum wurde knapp und sie wurde gezielt gejagt.

Und jetzt?

Seit einigen Jahren gibt es wieder einige Tiere. Die etwa 100 Luchse leben im Bayerischen Wald, im Schwarzwald, im Harz und im Pfälzer Wald.

Die Foto-Falle

Um scheue und bedrohte Arten wie den Luchs oder die Wildkatze zu beobachten, stellen Forscher im Wald spezielle Fotoapparate auf. Diese Kameras haben Wärmesensoren und machen von selbst ein Bild, sobald ein Tier an ihrer Linse vorbeiläuft.

Augen wie ein Luchs

Der Luchs geht erst in der Dämmerung oder nachts auf die Jagd. Seine Augen sind sechsmal lichtempfindlicher als unsere.

Wildkatze

Auch die Wildkatze lebt wieder in unseren Wäldern und macht Jagd auf Mäuse und Kaninchen, aber auch auf Fische, Frösche und Eidechsen.

Gesamtzahl: 7000 – 10 000 Tiere, vor allem in der Eifel, im Hunsrück, Taunus, Westerwald und im Pfälzer Wald

Wichtigste Erkennungsmerkmale:

- buschiger Schwanz mit zwei bis drei geschlossenen Fellringen und schwarzer Spitze
- schwarzer Strich über dem Rücken

Specht –
Hör mal, wer da hämmert!

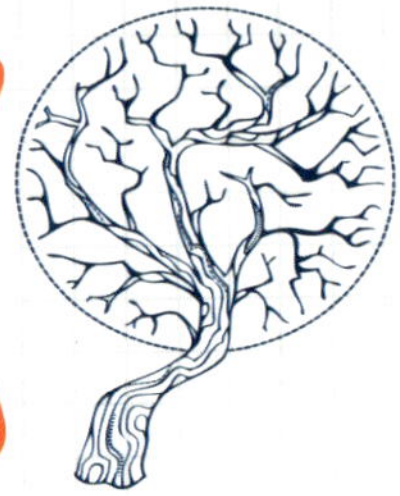

Den Specht ist ein echter Musiker: ein Trommler. Vor allem Anfang des Jahres stehen die Chancen gut, diesen lautstarken Auftritt mitzuerleben. Aber bekommt der Specht keine Kopfschmerzen von der ganzen Hämmerei? Und warum macht er das überhaupt?

Warum bekommen Spechte keine Gehirnerschütterung?

Der Specht ist perfekt auf das Trommeln eingerichtet. Er hat nicht nur einen sehr starken, aber elastischen Schnabel, sondern auch einen eingebauten Stoßdämpfer: Die Schnabelmuskeln werden vor jedem Aufprall angespannt und fangen so die größte Wucht ab. Außerdem hat das Spechthirn weniger Platz zur Schädeldecke als bei uns und damit weniger Bewegungsraum, um daranzustoßen.

Quizfrage

Warum trommelt der Specht?

a) Um seine Höhle zu bauen
b) Um einen Partner zu beeindrucken
c) Um sein Revier zu markieren
d) Um Käferlarven an die Baumoberfläche zu treiben

Antwort: b) + c) Beim Bau seiner Höhle trommelt der Specht nicht, er meißelt das Holz heraus. Zum Trommeln sucht er sich gerne einen schönen Ast, einen hohlen Stamm oder sogar eine Dachrinne, Hauptsache, es macht Lärm. Denn das Trommeln soll das Revier markieren und einen Partner anlocken.

Biete: Gemütliche 1-Zimmer-Wohnung

Ohne den Specht würde die Wohnungssuche für einige Tiere ein gutes Stück schwieriger werden. Denn ein Specht baut viel mehr Höhlen, als er selbst braucht. Zieht er in eine neue Bleibe, stehen schon einige Nachmieter bereit:

Meisen beziehen gerne Buntspechthöhlen, denn sie können sich selbst keine bauen.

Der Kleiber renoviert: Er verkleinert den Eingang zur Höhle einfach mit Lehm, damit kein größerer Vogel mehr hineinpasst.

Aber auch Wildbienen, Wespen oder Hummeln, Siebenschläfer, Eichhörnchen und Fledermäuse nutzen verlassene Spechthöhlen.

!!

Probier´s aus!

Wie oft kannst du in einer Sekunde auf den Tisch hämmern?

Der Specht schafft unglaubliche 22 Mal!

Hirsch und Reh –

Spiegelzeichen und Bambi-Punkte

Der Hirsch ist das größte Tier in unseren Wäldern und mit einer Länge von bis zu 2,5 m ziemlich beeindruckend. Kleine Rehkitze wie Bambi aus dem Zeichentrickfilm dagegen zählen zu den süßesten aller Tierbabys. Aber die kleinen Rehe sind oft gar nicht so hilfsbedürftig, wie sie scheinen …

Stimmt's? Das Reh ist die Frau des Hirschs!

Nein, beide gehören zu völlig unterschiedlichen Wildarten. Der wichtigste Unterschied zwischen beiden Familien ist die Größe: Ein Hirsch kann zehnmal so viel wiegen wie ein Reh! Dementsprechend ist auch das Geweih des Hirschs wesentlich größer als das des Rehbocks. Die Frau des Hirschs heißt übrigens Hirschkuh.

Spiegelzeichen: Achtung, Alarm!

Den typischen weißen Fleck am Hinterteil eines Rehs nennt man Spiegel. Bei Gefahr spreizen die Tiere dort ihre Haare. So wird der Fleck noch besser sichtbar und warnt die anderen Rehe.

Bambi-Punkte:

In den ersten Wochen ihres Lebens tragen die Rehkitze weiße Punkte auf dem Rücken. Diese Bambi-Punkte sorgen dafür, dass die Jungtiere gut getarnt sind. Das ist auch gut so, denn die kleinen Kitze warten im Gras, während die Mutter auf Futtersuche geht.

Wichtig:

Wenn du ein verlassenes Rehkitz findest, solltest du es auf keinen Fall einfach mitnehmen. Die Mutter kommt in dieser Zeit nur zum Säugen zu ihrem Nachwuchs, um Raubtiere nicht unnötig auf die Kleinen aufmerksam zu machen. Du kannst das Kitz aus der Ferne beobachten. Nur wenn es nach längerer Zeit noch alleine ist oder immer noch fiepend nach der Mutter ruft, solltest du eingreifen. Du kannst dich an eine Wildtierauffangstelle, den Förster, Jäger oder auch die Polizei wenden.

Wächst das Geweih jedes Jahr ein Stück weiter?

Sowohl bei Hirschen als auch bei Rehen bekommen nur die Männchen ein Geweih. Allerdings wächst es jedes Jahr neu und wird von den Tieren im Winter abgeworfen. Je älter und größer der Rehbock oder Hirsch, desto größer wächst auch das neue Geweih.

Fledermaus – Der Ruf des Vampirs

Fledermäuse sind nur in der Dämmerung oder nachts auf Beutejagd. Zur Orientierung im Dunkeln nutzen sie eine ganz spezielle Methode: die Echoortung. Sie stoßen Rufe aus und registrieren dann, wie das Echo dieser Rufe zu ihnen zurückkommt. So erkennen sie Hindernisse und spüren ihre Beute auf. Diese Rufe sind manchmal fast so laut wie ein Düsenjet, trotzdem können wir sie nicht hören, denn sie befinden sich im Ultraschallbereich und sind damit zu hoch für das menschliche Ohr.

Schon gewusst?

Die nächsten Verwandten der Fledermäuse sind nicht Vögel oder Mäuse, sondern Igel!

Vegetarier oder Vampir?

Weder noch! Alle Fledermaus-Arten, die du bei uns beobachten kannst, fressen Insekten. In Südamerika gibt es tatsächlich blutsaugende Fledermäuse. Die knabbern allerdings am liebsten an Rindern oder anderen Tieren.

Fledermausbeobachtung

- Wenn du selbst diese faszinierenden Tiere beobachten willst, kannst du an einer Fledermaus-Führung teilnehmen. Dort erfährst du, wo und wann du die Flattermänner sehen kannst.
- Es gibt Fledermausdetektoren für Kinder. Sie machen die Rufe im Ultraschallbereich hörbar. So weißt du direkt, wenn gerade eine Fledermaus über dich hinwegflattert. Starke Taschenlampe nicht vergessen!

Häufigste Arten:

Großer Abendsegler

Wasserfledermaus

Zwergfledermaus

Breitflügelfledermaus

Naturforscher-Beobachtungs-logbuch

Fledermaus gesehen!

Wann? ....

Wo? ....

Wann? ....

Wo? ....

Eule –
die Geheimwaffen der Jägerin

Eulen sind die lautlosen Jäger der Nacht. Zu sehen bekommt man sie deswegen nur selten. Um auch in der Dunkelheit ihre Beute zu erwischen, sind die Eulen mit einigen Spezialwaffen ausgestattet.

Die 4 Geheimwaffen der Eule

Super-Nachtsicht: Eulen können im Dunklen bis zu 10-mal besser sehen als wir.

Rundumsicht: Die Eule kann den Kopf unglaublich weit drehen.

Super-Ohren mit Schalltrichter: Das Gehör ist besonders im hohen Frequenzbereich überaus empfindlich. Zusätzlich funktioniert der Gesichtsschleier wie eine Art Schalltrichter.

Stumme Federn: Die Federn haben keine harten Kanten und eine samtige Oberfläche. So entsteht beim Fliegen praktisch kein Geräusch.

Wen kannst du hören?

Zu sehen bekommt man Eulen nur selten, aber wenn du bei der nächsten Nachtwanderung genau hinhörst, kannst du vielleicht eine hören und sie mit ein bisschen Übung sogar ihrer Art zu ordnen.

Steinkauz

Schleiereule

Waldkauz

Uhu

!! Probier´s aus!

Versuche deinen Kopf zu drehen! Wie weit kommst du? Eulen können ihren Kopf um 270 Grad drehen, also weit über ihre eigenen Schultern.

Naturforscher-Beobachtungs-Logbuch

Eule gehört!

Wo? ....

Wann? ....

Wie klang sie? ....

Wo? ....

Wann? ....

Wie klang sie? ....

Glühwürmchen – glühende Leidenschaft

Vor allem in warmen Juni-Nächten kann man die glühende Partnersuche mit ein bisschen Glück bewundern. Die schwebenden Leuchtpunkte sehen aus wie kleine Zauberelfen. Echte Naturforscher wissen: Glühwürmchen sind gar keine Würmchen, sondern Käfer. Romantisch ist das Ganze aber trotzdem.

?

Stimmt's? Nur die männlichen Glühwürmchen können leuchten.

Antwort: Bei den kleinen Leuchtkäfern herrscht Gleichberechtigung. Männchen und Weibchen glühen beide. Allerdings handelt es sich bei den fliegenden Leuchtpunkten in der Luft nur um die männlichen Käfer. Die Weibchen haben verkümmerte Flügel und sitzen deshalb auf dem Boden. Sie schwenken ihr leuchtendes Hinterteil wie eine Laterne, um den Männchen zu zeigen, wo sie hinfliegen müssen.

Doppelleben:

Hättest du ihn erkannt? Bei Tag sieht der Leuchtkäfer eher unscheinbar aus: 10 mm groß und unauffällig braun.

Und wer kann das noch?

Wenn Pflanzen oder Tiere leuchten können, nennt man das Biolumineszenz.

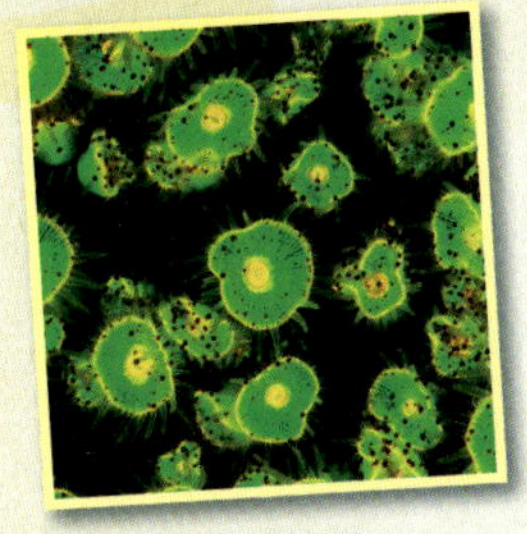

Quallen können beim Leuchten sogar die Farbe wechseln, von Blau zu Grün.

Der Hallimasch-Pilz lockt mit dem Leuchten Insekten an, die seine Sporen verbreiten.

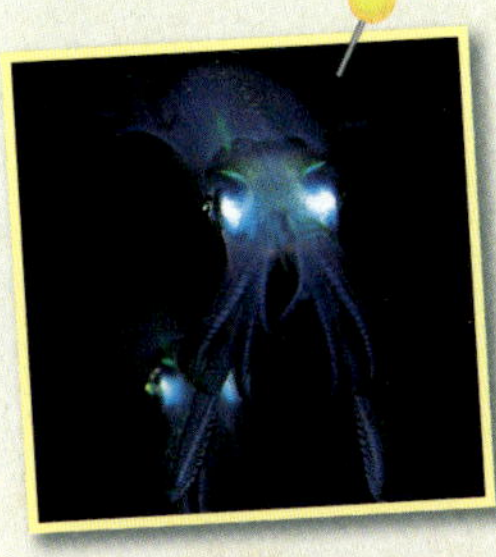

Anglerfisch und Leuchtkalmar nutzen Leuchtbakterien.

!! Probier´s aus!

Bastle dir ein Glühwürmchen-Glas!

Du brauchst:

- ein großes Einmachglas
- nachtleuchtende Farbe (aus dem Bastelladen oder im Internet)

Trage mit der nachtleuchtenden Farbe viele kleine und große Punkte auf die Innenseite des Glases auf (falls die Öffnung zu klein ist, kannst du sie auch von außen aufmalen). Lass die Farbe trocknen und lade die Punkte an einer Lichtquelle auf. Schon können deine »Glühwürmchen« losleuchten!

Nachtfalter – unterschätzte Schmetterlinge

Nachtfalter sind mindestens so spannend wie Tagfalter. Es gibt auch fast 20-mal so viele Arten. Du hast sicher schon beobachtet, dass sie nachts gerne um Lichter kreisen. Das liegt daran, dass sie sich normalerweise am Mond orientieren. Um geradeaus zu fliegen, halten sie einfach immer einen ganz bestimmten Winkel zum Mond ein. Das funktioniert bei einer Straßenlaterne leider nicht, da diese viel näher ist. Wenn der Falter hier immer den gleichen Winkel einhält, fliegt er automatisch in einem Kreis um die Lampe.

Die 3 größten Nachtfalter-Irrtümer

1

Es gibt 2 Sorten Falter: Schmetterlinge und Motten.

Schmetterlinge unterteilen sich in zwei Gruppen: die Tag- und die Nachtfalter. Die Motten sind dabei eine Untergruppe der Nachtfalter.

2

Nachtfalter fliegen nur nachts.

Etwa 10 % der Nachtfalter sind auch am Tag unterwegs, z. B. das Widderchen oder die Spanische Fahne.

3

Nachtfalter sind braun oder grau.

Tagaktive Nachtfalter sind bunt! Und auch der Wolfsmilchschwärmer oder das Rote Ordensband tragen bunte Flügel.

Probier´s aus!

Nachtfalter kannst du gut mit süßen Fruchtdüften anlocken. Dazu einfach etwas Pflaumenmus mit gärigem Wein/Bier und etwas Zucker vermischen. Diesen Nachtfalter-Cocktail kannst du anschließend z.B. auf Baumstämme streichen.

Welche Nachtfalter kannst du beobachten?

____

Gamma-Eule

Schönbär

Rotes Ordensband

Birkenspanner

Frostspanner

Tag- oder Nachtfalter?

Die Fühler verraten es!

Tagfalter: Fühler mit rundem, kleinem Knopf am Ende

Nachtfalter:

- Fühler gefiedert, gekämmt, faden- oder kolbenförmig
- Außerdem haben Nachtfalter meistens einen dickeren Körper und ruhen mit flach ausgebreiteten Flügeln, während die Tagfalter ihre Flügel in Ruhestellung aufstellen.

Die Neuen – der Waschbär und sein unbekannter Doppelgänger

Der Waschbär lebt noch gar nicht so lange bei uns. Durch seine hohe Anpassungsfähigkeit und weil er so ziemlich alles frisst, hat er sich aber schnell verbreitet. So mancher Waschbär ist allerdings gar keiner. Denn er hat einen Doppelgänger, der ihm zum Verwechseln ähnlich sieht. Und auch dieser Vertreter ist noch relativ neu in Deutschland.

Steckbrief

Merkmal:	Gesichtsmaske
Länge:	60 cm
Aktiv:	in der Nacht
Futter:	fast alles: Obst, Getreide, Nüsse, Insekten, Mäuse, Würmer, Schlangen, Jungvögel, Fische
Vorkommen:	alle heimischen Wälder, aber auch Städte wie Berlin und Kassel

Quizfrage

Woher hat der Waschbär seinen Namen?

a) Weil er seine Nahrung vor dem Fressen gründlich säubert

b) Weil man ihn an Flüssen beim Baden beobachten kann

c) Weil er die Nahrung in den Pfoten hin und her bewegt

Antwort: c) Der Waschbär trägt seinen Namen, weil er die Nahrung vor dem Verspeisen in den Pfoten genau betastet. Das macht er auch mit Fischen, Krebsen oder Schnecken, die er im Wasser fängt. Deswegen dachte man früher, der Bär hätte einen Waschzwang, und nannte ihn Waschbär!

Wie kam der Waschbär überhaupt nach Deutschland?

1934 wurden am hessischen Edersee vier der Kleinbären ausgesetzt, die sich rasant vermehrten. Verstärkung bekamen sie von einigen weiteren Tieren, die aus Pelztierfarmen ausbüxen konnten.

Ebenfalls ein nachtaktiver Neuzugang: der Marderhund

Er wird oft mit dem Waschbären verwechselt, obwohl die beiden nicht mal verwandt sind. Der Marderhund gehört zur Familie der Hunde, kann aber nicht bellen, sondern nur fiepen, winseln und knurren. Ursprünglich kommt der Marderhund oder Enok aus Ostasien und ist das erste Mal 1962 in Osnabrück dokumentiert worden. Im Norden Deutschlands ist er nachts häufiger zu beobachten, im Süden dagegen noch sehr selten.

Krötenwanderung – Sei ein Held!

Hier kannst du ein echter Held der Nacht sein! Denn du kannst Leben retten. Krötenleben.

Genaue Standpunkte von Krötenschutzzäunen in deiner Nähe und Termine findest du im Internet z.B. beim NABU.

Achtung, gehe nicht alleine auf Rettungsmission: Die Autofahrer sehen im Dunkeln nicht nur die Kröten schlecht, sondern auch menschliche Kröten-Retter!

DIE MISSION

ZEITPUNKT DER RETTUNGSMISSION:

Märznächte

ZIELORT:

Krötenschutzzäune an der Straße

WER IST IN GEFAHR?

Kröten